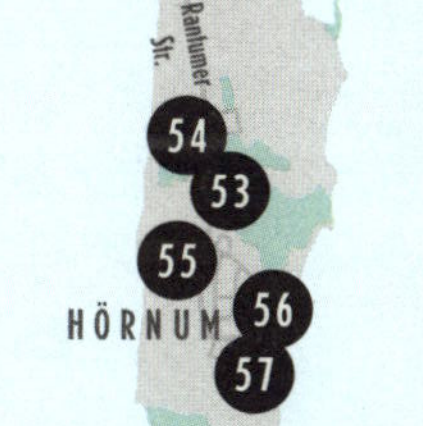

*Die Orte 1 bis 8 und 30 bis 38 finden Sie in der Karte in der hinteren Klappe

insel taschenbuch 5055

Birgit Haustedt

Sylt – Lieblingsorte

LIEBLINGSORTE

REISEFÜHRER

SYLT

BIRGIT HAUSTEDT

MIT FOTOGRAFIEN VON HANS JESSEL

Hinweis zu dieser Ausgabe: Dieser Band ist eine aktualisierte Neuausgabe des insel taschenbuchs 4847 (Insel Verlag Berlin).

Bildnachweis
Die Fotografien stammen von Hans Jessel; folgende Abbildungen wurden zur Verfügung gestellt von: Wolfgang Köhler (103); Elmar Kruse (124); Gulliver Theis/laif (185); Laura Müller (199); Stefan Ziese/Zoonar/Imago (215).

Erste Auflage 2024
insel taschenbuch 5055
Originalausgabe

Umschlaggestaltung: Marion Blomeyer, München
Illustrationen: Ryo Takemasa, Tokyo
Karten: Peter Palm, Berlin
Satz: Greiner & Reichel, Köln
Druck: CPI books GmbH, Leck
Printed in Germany
ISBN 978-3-458-68355-1

www.insel-verlag.de

INHALTSVERZEICHNIS

Westerland

ALLE BUSLINIEN ZOB WESTERLAND

Der Bahnhof

BAHNHOF WESTERLAND
KIRCHENWEG 1
25980 WESTERLAND

Wenn der Zug endlich in den Westerländer Bahnhof einfährt, kennen die meisten Feriengäste nur ein Ziel: ins Hotel, ins Ferienhaus oder gleich zum Strand. Das Bahnhofsgebäude nehmen wir kaum wahr, auch die Sylter selbst ignorieren den Bau mehr oder weniger. Als er errichtet wurde, war das anders. Man schwärmte von der neuen »Zierde Westerlands«, die *Sylter Zeitung* lobte ihn als »den größten und vor allen Dingen modernsten Bahnhof an der schleswig-holsteinischen Westküste«.
Verglichen mit heutigen Bauzeiten, wurde der Bahnhof jedenfalls im Rekordtempo erbaut. Nach weniger als zwei Jahren war er pünktlich zur Eröffnung

des neuen Bahndammes fertig. Am 1. Juni 1927 konnten die ersten Zugreisenden zusammen mit Ehrengast Reichspräsident Hindenburg den nagelneuen Bahnhof der Insel betreten.

Alles war ausgerichtet auf den zukünftigen Reiseverkehr mit modernen Zügen aus Hamburg und Berlin. Die Technik war auf dem neusten Stand, auch das Gebäude bot zeitgemäßen Komfort für die Fremden: Einen großzügigen Speisesaal, hervorragende sanitäre Anlagen, selbst einen Friseur gab es hier. Für das Zugpersonal standen Schlafräume zur Verfügung. Der Oberbahnhofsvorsteher wohnte mit Familie direkt unter dem Dach und arbeitete in einem Büro im Ostflügel. Dort befand sich ein großer Gepäckraum mit einem Seiteneingang, wo die Hoteldiener die Koffer ihrer Gäste abholen konnten.

Ästhetisch präsentierte sich der neue »Staatsbahnhof« ebenfalls auf der Höhe der Zeit. Nach dem Vorbild moderner S-Bahnhöfe, die zur selben Zeit in Berlin entstanden, und der Wohnungsbauten Fritz Schumachers in Hamburg verzichtete man auf Jugendstil- oder sonstige Ornamente und setzte auf klare, schlichte Formen. Im Sinne der damals populären Heimatschutzarchitektur wurden auch typisch friesische Stilelemente wie weiße Sprossenfenster verwendet.

Dieser Bahnhof war ein Sehn-

suchtsort, allerdings wohl weniger für Berliner oder Hamburger, die auf der Insel ja gerade das Großstadtleben hinter sich lassen wollten, als vielmehr für die Sylter und ihre eigenen großen Ambitionen.
Heute steht das Gebäude etwas einsam vor einem großen Platz. Innen gruppieren sich das DB-Reisecenter, ein Kiosk und ein sehr nettes Café mit dem schönen Namen »Sylt Entrée« um die riesige original erhaltene Eingangshalle. Meist menschenleer, ist sie mehr als nur einen Blick wert: Die aufwändig gearbeitete Decke mit grünen Holzfacetten und zwei extravaganten Leuchtern mit expressionistischem Dekor erinnert an Zeiten, als Reisen noch Sache weniger und wohlhabender Menschen war. Der Spruch über der Bahnhofsuhr aber hat auch für uns noch Geltung und bietet eine passende Einstimmung auf die Ferien: IST NOCH ... ZEIT.

BUS A SCHÜTZENPLATZ
STRANDÜBERGANG 53: BUS A, BUS 2 CAMPINGPLATZ ODER FKK-STRAND

Himmelsleiter zum Strand

Der Weg in den Himmel führt auf Sylt rund 100 Stufen bzw. 26 Meter aufwärts. Das klingt wenig, aber oben angekommen, ist so mancher außer Atem. An klaren Tagen wird die Anstrengung mit einem fantastischen Ausblick in alle Richtungen belohnt. Die »Himmelsleiter« im Südwesten Westerlands ist die höchste Strandtreppe auf Sylt. Hier liegt der Himmel aber nicht nur oben, sondern auch unten – zum Strand, dem eigentlichen Ziel, geht es wieder hinab. Überall führen Wege und Treppen aus Holz durch die Dünenlandschaft zum Wasser. Manche wie die »Himmelsleiter« sind viel frequentiert, auf anderen trifft man selbst in der Hochsaison wenig Menschen.

HIMMELSLEITER
GAADT
25980 WESTERLAND
STRANDZUGANG 53
RANTUMERSTRASSE / FISCHERWEG

Sie schützen die Dünen und dienen seit dem 19. Jahrhundert zugleich der Bequemlichkeit der »Badegäste«. Die ersten Strandwege bauten die Westerländer selbst, weitere ließ ein Herr Dr. Pollacsek errichten, der 1884 das gesamte »Seebad« kaufte.

Davor waren die Sylter quer durch die Dünen zum Strand gegangen und dann ins Wasser gesprungen – wohl nicht nur zu Reinigungszwecken, sondern auch aus Vergnügen an der Meeresbrandung, wie der Inselchronist Christian Peter (C. P.) Hansen berichtete. Mit Beginn des Tourismus wurde ein solches spontanes Bad im Meer allerdings unmöglich. Jetzt regelte eine Badeordnung, wo man sich aufhalten und wann man ins Wasser durfte, vor allem aber, was man anzuziehen hatte. Männer und Frauen besuchten getrennte Strände, zwischen Damen- und Herrenstrand lag eine »neutrale« Zone zum Spazierengehen und Flanieren. Im Süden des Ortes warnte ein Schild: »Halt! Damenbad! Halt!« Das Baden selbst war eine komplizierte Angelegenheit unter Aufsicht einer Badewärterin. In voller Kleidung bestieg man einen Badekarren, der vom Kurpersonal ganz dicht an den Flutrand geschoben wurde. Dort zog man sich im Karren einen Ganzkörperbadeanzug an, dann ging es auf der strandabgewandten Seite ins Wasser, um – als Nichtschwimmer mit einer starken Leine gesichert – ein paar Mal in den Wellen unterzutauchen. Als 1902 in Westerland der erste Strandabschnitt für Familien eingerichtet wurde (für Junggesellen verboten), befürchtete man einen großen Sittenverfall, der allerdings nicht eintrat. Alles habe »ein Bild unendlicher Harmlosigkeit« geboten, konstatierte die *Sylter Kurzeitung* enttäuscht.

Heute gibt es zwar spezielle Strände für Hunde, für FKK, für Sport, aber an nicht wenigen Abschnitten mischen sich sogar Bekleidete und Nackte. Und überall führen diese schönen Holzwege und Treppen zum Wasser. Mein Lieblingsweg in Westerland ist der Strandzugang Nr. 53 zwischen Strandoase und dem Campingplatz. Vom Parkplatz aus geht es erst eine steile Treppe hinauf, dann ein langes Stück durch Heide, Sand und Strandhafer. Morgens und abends trifft man kaum jemanden, bei Sonne duftet es verheißungsvoll nach warmem Holz, würziger Heide und nach Meer, wenn Westwind weht. Ganz oben liegt eine spärlich bewachsene Babydüne, bequeme Bänke laden zum Ausruhen ein, bevor es 92 Stufen hinab zum Strand geht.

3

Im Strandkorb

VERMIETUNG VON STRANDKÖRBEN
WWW.INSEL-SYLT.DE/
STRANDKORB-VERMIETUNG

TIPP

STRANDKORB-VERKAUF BEI DER
SYLT-STRANDKÖRBE GMBH
HAFENSTRASSE 10
25980 RANTUM
WWW.MEINSTRANDKORB.DE

Die *Frankfurter Allgemeine Zeitung* nannte ihn einmal eine »Kreuzung von Wäschekorb, Kleiderschrank und Lokus« mit der »Individualität eines Reihenhäuschens«. Doch wer je bei Sonne, aber steifer Brise an einem Nordseestrand weilte, weiß die Vorzüge eines Strandkorbs zu schätzen: Er schützt vor Wind, Sand und zu viel Sonne. Man kann darin lesen, schlafen, dösen, sogar bequem essen – und das alles zu zweit. Tausende Strandkörbe stehen am Sylter Strand in der Saison und sind so beliebt bei den Gästen, dass man sie rechtzeitig (am besten schon im Winter) reservieren sollte.

Seit mehr als 100 Jahren sind Strandkörbe eine deutsche Insti-

857
880

tution. Die ersten standen wohl an der Nordsee. 1873 bestellte die Gemeinde Norderney »Strandstühle mit Überdachung«. Auf Sylt tauchten sie spätestens 1877 auf, wie ein Foto vom Herrenstrand in Westerland zeigt. Als Erfinder setzte sich jedoch der Rostocker Hofkorbmacher Wilhelm Bartelmann durch. Er entwickelte 1883 einen Prototypen, der im Prinzip heute noch gilt, einen Zweisitzer mit Markisen, ausziehbaren Fußstützen und Seitentischchen. Durch das Verkaufsgeschick seiner Ehefrau Elisabeth setzte sich der Strandkorb im Osten, in Warnemünde, an der Müritz und in anderen Orten rasch durch. Ab 1900 belieferte die Firma auch die Nordseeorte. Im Lauf der Zeit entwickelten sich eine Ostsee- und eine Nordseevariante: Die Seitenteile der Strandkörbe an der Ostsee sind geschwungen, die an der Nordsee gerade.

Seit 1947 werden auf Sylt eigene Strandkörbe in der Rantumer Strandkorbmanufaktur produziert. Besitzer Paul Schardt landete hier im Zweiten Weltkrieg als Marinesoldat, blieb und machte sich in Rantum mit seinem alten Beruf als Korbmacher selbstständig. Inzwischen fabriziert man zehn Modelle mit 64 verschiedenen Stoffbezügen. Die vielen Varianten sind eher für Menschen bestimmt, die sich einen Strandkorb in den Garten stellen. Auf Sylt bevorzugt man die klassischen Nordseestrandkörbe mit graden Linien und meist blau-weiß gestreiftem Stoff. Trotz einiger maschineller Erleichterungen und Verwendung von PVC steckt in ihnen noch viel Handwerkskunst: An der Herstellung beteiligt sind Korbmacher, Tischler, Polsterer und Korbflechter. Auch im Gebrauch machen Strandkörbe viel Arbeit: Im Winter müssen sie wieder abtransportiert werden und kommen zum Schutz vor Sturmfluten, Regen und Schnee in große Lagerhallen. Das ist immer ein etwas trauriger Moment, weil es das Ende der Sommersaison bedeutet.

Bis dahin aber freuen wir uns, wenn wir abends zur Blauen Stunde, nachdem die Sonnenanbeter den Strand verlassen haben, uns endlich in einen der frei gewordenen Körbe setzen können, die die Sylter Strandkorbvermieter dankenswerterweise nicht verschließen. Einfach im Strandkorb zu sitzen und der Sonne beim Untergehen im Meer zuzuschauen, ist vielleicht der größte Luxus auf Sylt. Dazu passt Champagner.

BUS A, B SYLTNESS CENTER

Das Café Wien

CAFÉ WIEN
STRANDSTRASSE 13
25980 WESTERLAND
WWW.CAFÉ-WIEN-SYLT.DE

Im Juni 1966 eröffneten die frischvermählten Eheleute Ingrid und Willi Langmaack in Westerland ihr erstes eigenes Kaffeehaus. Dass sie es »Café Wien« und nicht etwa »Kleine Friesenstube« nannten, zeugt von Selbstvertrauen und dem Wunsch, sich mit der weltberühmten Kaffeehauskultur der österreichischen Hauptstadt messen zu können. Doch rasch erhielt ihr Enthusiasmus einen Dämpfer. Die gemütliche Strandstraße sei der falsche Standort, so die Vertreter der Stadtverwaltung. Innerhalb weniger Jahre spiele sich der Tourismus ganz woanders ab: im neuen Kurzentrum, für das eben erst, am 11. Mai 1966, der Grundstein gelegt worden

war. Die geplanten drei Hochhäuser mit exklusiven Kureinrichtungen und über 500 Appartements, dazu Boutiquen, Restaurants und Cafés, würden sich zum neuen Treffpunkt entwickeln, zeigten sich die Beamten überzeugt. Wer käme dann noch in die altmodische Strandstraße?

Doch entgegen aller Unkenrufe etabliert sich das »Café Wien« innerhalb weniger Jahre. Die exzellenten Torten kommen gut an, und immer ist dort etwas los. In den 1970er Jahren wird es zu einem Ort für die Reichen und Schönen, die sonst Kampen bevorzugen. Selbst ein Paradiesvogel wie Arndt von Bohlen und Halbach lässt sich von vier Männern auf einer goldenen Sänfte ins »Café Wien« tragen, um bei »Rüdesheimer Kaffee« an einem großen Tisch Hof zu halten, erinnert sich Ingrid Langmaack.

Solche Extravaganzen sind heute nicht mehr die Regel.

Die Prominenz zieht es wieder nach Kampen, andere gutbetuchte Gäste wohnen lieber in heimeligen Friesenhäusern in Keitum oder Wenningstedt als in einem der Hochhäuser des Kurzentrums. Sie bestimmen zwar bis heute die Silhouette Westerlands, konnten jedoch die in sie gesetzten Erwartungen nicht erfüllen. Einheimische wie Touristen meiden die anonymen Gebäude, durch die stets der Wind pfeift. Viele Geschäfte und Restaurants von damals haben aufgegeben.

Das »Café Wien« aber hat überlebt, sogar als Familienbetrieb. Jede Generation setzt ihre eigenen Akzente. Tochter Tania gründete die »Sylter Schokoladenmanufaktur«, Enkel Tom, diplomierter »Schokoladensommelier«, experimentiert mit neuen Eiscremesorten. Das Interieur im Wiener Kaffeehausstil hat sich kaum verändert: Leuchter, viel Blattgold und Biedermeiersessel. Dazu die meterlange Kuchentheke mit den vielen Kuchenklassikern. Beliebt ist »Torte bis zum Abwinken«, und neben dem guten alten »Rüdesheimer Kaffee« (mit Asbach Uralt) gibt es aber mittlerweile Chai Latte und Smoothies. Die gelungene Mischung aus Moderne und Tradition, das Nebeneinander von trendigen Getränken und alten Rezepten wie »Qualle auf Sand« (Nusskuchen, Obst und Quark) und vor allem die freundlich-herzliche Atmosphäre machen das Erfolgsrezept dieses Cafés aus, das daran erinnert, dass es in Westerland auch Bewahrenswertes aus den 1960er und 1970er Jahren gibt.

5

Eine Führung mit Silke von Bremen

INFORMATIONEN ZU DEN FÜHRUNGEN:
WWW.GUIDEAUFSYLT.DE

Sobald die Sprache auf Westerland kommt, heißt es bei vielen Liebhabern der Insel: »Sylt ist ja schön, aber Westerland …« Hier kommen zwar die meisten Gäste an, viele fahren dann aber möglichst schnell weiter. Oft reicht ein Blick auf das Hochhaus-Kurzentrum und die überfüllte Fußgängerzone, um Westerland ein für alle Mal links liegen zu lassen. Die größte Stadt ist heute eher die große Unbekannte der Insel. Wer kennt schon das alte Westerland?

Grund genug für eine Führung, am besten mit Silke von Bremen. Seit über 20 Jahren bietet die Gästeführerin, Diplomgeografin und Autorin mehrerer Sylt-Bücher, Führungen überall auf der

TIPP

SILKE VON BREMEN, STUMME ZEIT. DÖRLEMANN 2024. UNTERHALTSAMER UND BERÜHRENDER ROMAN ÜBER FAMILIENGEHEIMNISSE, NACHKRIEGSZEIT UND TOURISMUSBOOM AUF DER INSEL

Insel an, immer wieder auch in Westerland. Nach einem solchen Spaziergang findet man den Ort vielleicht nicht schöner oder sympathischer, blickt aber doch mit anderen Augen auf ihn. Das gilt selbst bei einem Rundgang »Auf den Spuren des Dritten Reiches«. Ein schwieriges Thema, für das Silke von Bremen Archive und Zeitungsartikel durchforstet, vor allem aber mit vielen Syltern, Zeitzeugen, Freunden und Bekannten, gesprochen hat. Zu fast jedem zweiten Haus in der Strand- oder Friedrichstraße erzählt sie eine Geschichte über die Bewohner in jenen Zeiten: wer wen aus welchen Gründen denunziert hat und wie die Politik Familien auseinanderriss. Manchmal mischt sie in die historischen Erläuterungen auch eine interessante Geschichte aus der Gegenwart oder macht auf ein besonderes architektonisches Detail aufmerksam. Daraus entsteht die lebendige Topografie einer vorher anonymen Fußgängerzone, und man bekommt das Gefühl, einbezogen zu sein in einen lebendigen Dialog mit dieser Insel, seinen Gebäuden und vor allem seinen Bewohnern.

Dabei ist Silke von Bremen keine Sylterin. Sie stammt aus dem Alten Land und zog erst 1989 nach ihrer Heirat mit dem Sylter Fotografen Hans Jessel auf die Insel. Leicht machten es die Einheimischen der Zugezogenen nicht, lange war sie eine Außenseiterin.

Inzwischen gehört Silke von Bremen dazu, hat sich jedoch eine liebevolle Distanz bewahrt. Vielleicht macht sie genau das zur modernen Chronistin Sylts. Ihr Verhältnis zu Westerland? Lange mochte sie den Ort nicht, inzwischen wohnt sie aber sogar dort und sagt: »Heute will ich nicht mehr von hier weg.«

BUS B, C ALTE DORFKIRCHE

Die Sonnenuhr von St. Niels

ST. NIELS
KIRCHENWEG 37
25980 WESTERLAND
WWW.KIRCHE-WESTERLAND.DE

DIE SONNENUHR AM LORNSENHAUS:
KASTANIENWEG 1
25980 KEITUM

TIPP

RUND UM DIE KIRCHE STEHEN NOCH EINIGE SCHÖNE FRIESENHÄUSER. DAS HAUS MIT DER ÄLTESTEN SONNENUHR VON 1750 LIEGT IN DER STADUMSTRASSE 17.

Als 1789 die Franzosen die Pariser Bastille stürmten, stritten die Westerländer erbittert über die Reparatur ihrer Kirche. Angesichts der Französischen Revolution erscheint ein Streit um die Kirche als Indiz besonderer Rückständigkeit der Insulaner. Doch bei näherem Hinsehen ergibt sich ein anderes Bild.

Damals blickte die Dorfkirche St. Niels bereits auf eine bewegte Geschichte zurück. Nachdem die Vorgängerkirche im 17. Jahrhundert eingestürzt war, kam es beim Bau des neuen Gotteshauses zum Konflikt. Die armen Wenningstedter, die bis dahin zum Kirchspiel gehörten, wollten nicht zahlen und schlossen sich fortan der Keitumer Kirche

an. Während des Dreißigjährigen Krieges musste die Restgemeinde alles Geld für ihr neues Gotteshaus zusammenkratzen. Deshalb verwendete man viele Teile der alten Kirche, zum Beispiel die großen Granitblöcke, die man heute noch an der Nordwand sieht. Auch den spätgotischen Schnitzaltar mit einer Marienkrönung stellte man in St. Niels auf, obwohl der Marienkult nicht mehr zum neuen protestantischen Glauben passte.

Als 1789 diese Kirche ebenfalls baufällig wurde, waren die Westerländer durch Walfang und Handelsschifffahrt zu Wohlstand gelangt. Nun entzündete sich der Streit nicht mehr am fehlenden Geld, sondern an anderen Fragen: Eine Fraktion wollte die Kirche abreißen lassen und durch einen Neubau ersetzen, andere plädierten für Renovierung. Am Ende setzte sich der frühere Kapitän und damalige Strandvogt Broder Hansen Decker durch, der für die Sanierung plädiert hatte. Sein stärkstes Argument: Er zahlte alles.

Zur gelungenen »Reparation« machte ein Westerländer Bürger der Kirche ein besonderes Geschenk: eine Sonnenuhr, die über dem damaligen Südportal angebracht wurde. Die kleine Tafel zeigt die Breitengrade von Sylt und Jerusalem sowie die Todesstunde Jesu unter einem Halbrelief von Kronos, dem griechischen Gott der Zeit. In der einen Hand hält er eine Sanduhr, in der anderen eine Sichel, die den Schatten zum Ablesen der Uhrzeit wirft – mittelalterliche Symbole des Todes und der Vergänglichkeit.

Ende des 18. Jahrhunderts waren Sonnenuhren auf Sylt in Mode gekommen und hatten als Statussymbole bei Kapitänen die Walfischkiemen vor dem Haus abgelöst. Die älteste Sonnenuhr auf Sylt stammt von 1750, die meisten der ungefähr 60 Exemplare aus der Blütezeit der Handelsschifffahrt von 1780 bis 1800. Sie dienten nicht nur als Zeitmesser, sondern demonstrierten auch die besonderen Fähigkeiten Sylter

Seeleute: ihre großen Kenntnisse in Navigation und Mathematik. Erbaut wurde die Uhr von St. Niels vom einzigen bekannten Sonnenuhrenbauer der Insel, Carsten Hansen, Urgroßvater des späteren Inselchronisten C. P. Hansen und Sohn eines Walfängers aus Westerland. Viele Jahre fuhr er als Kapitän zur See und wurde danach angesehener Lehrer, dessen Navigationsunterricht selbst erfahrene Schiffsleute besuchten. Historisch verortet Hansen die Uhr in einer Spanne von griechischer Antike über das Mittelalter bis zur damaligen Gegenwart, geografisch spannt er einen Bogen von Sylt bis nach Jerusalem. Die Sonnenuhr erweist so ihren Erbauer und die Westerländer, die sie an ihrer Kirche anbrachten, als keineswegs engstirnig oder provinziell, sondern als aufgeklärt, wissenschaftlich bewandert und weltoffen.

Vielleicht sogar als offen für die Ideen der Französischen Revolution? Ein Sylter war jedenfalls am 14. Juli 1789 beim Sturm auf die Bastille dabei: der Schiffskapitän Jürgen Jens Lorensen, der damals wegen eines Prozesses in Paris weilte und sich von den Massen, die die Bastille stürmten, mitreißen ließ. Auch er brachte 1797 an seinem neuen Haus in Keitum eine Sonnenuhr an. Da war sein Sohn Uwe Jens Lornsen, der spätere Freiheitskämpfer, vier Jahre alt.

BUS A FRIEDRICHSTRASSE OST

Der Stolperstein vor dem Westerländer Rathaus

RATHAUS WESTERLAND
ANDREAS-NIELSEN-STRASSE 1
25980 WESTERLAND

Mittwoch, 1. Juli 2020 vor dem Westerländer Rathaus. Unbemerkt von den vielen Touristen auf dem Wochenmarkt, versammeln sich nebenan vor den Stufen des Rathauses zwei Dutzend Menschen und schauen zu, wie der Kölner Künstler Gunter Demnig einen glänzenden Stein aus Messing im Pflaster versenkt: Stolperstein Nr. 21 auf der Insel. Er ist dem 1907 auf Sylt geborenen Niko (Nikolaus) Ehlers gewidmet und erinnert nicht nur an die Zeit der nationalsozialistischen Herrschaft, sondern auch an deren Folgen in der Nachkriegszeit.

Ehlers, Postler und SPD-Mitglied, hatte sich kritisch über die Nationalsozialisten geäußert, wur-

de denunziert und war von 1942 bis 1945 im KZ Sachsenhausen. Einige Jahre nach der Befreiung kehrte er in seine alte Heimat zurück. In Westerland engagierte er sich als Kreistagsabgeordneter und Fraktionsvorsitzender der SPD, als 1957 die Insel von einem Skandal erschüttert wurde. Unter dem Titel »Urlaub auf Sylt« klagte ein Dokumentarfilm aus der DDR den damaligen Westerländer Bürgermeister Heinz Reinefarth an, als einstiger SS-Gruppenführer bei der Niederschlagung des Warschauer Aufstandes von 1944 die systematische Ermordung von Kleinkindern, Frauen, Alten, Kranken und Priestern befohlen zu haben.

Die Sylter mochten das nicht glauben, sie kannten Reinefarth als fähigen, effizienten und freundlichen Bürgermeister. Obwohl kein Einheimischer, nahm er sogar Alteingesessene und politische Gegner für sich ein, hatte er doch viele Infrastruktur- und Bauprojekte auf den Weg gebracht. Zudem war er gut vernetzt im Westerländer Schützenverein und dem Lions Club und hatte einen guten Draht zur örtlichen Presse. Selbst nachdem im *Spiegel* glaubwürdige Zeugen die Vorwürfe bestätigten, hielten die meisten Sylter weiter zu Reinefarth. Als Ehlers sich dafür einsetzte, den Bürgermeister bis zur Klärung der Vorwürfe zu beurlauben, unterstützte ihn noch nicht einmal seine eigene

SPD-Fraktion. Enttäuscht trat er von allen Ämtern zurück, verließ Westerland und suchte sich eine neue Arbeit auf dem Festland.

Trotz erdrückender Beweise und Zeugenaussagen, trotz überregionaler und internationaler kritischer Berichterstattung hielt sich Reinefarth bis 1963 im Amt, dann wurde er abgewählt, arbeitete aber bis zu seinem Tod als Anwalt auf Sylt. Als er 1979 starb, weigerte sich zwar der Westerländer Pastor, ihn zu beerdigen (Reinefarth wurde in Keitum bestattet), aber *Sylter Rundschau,* Lions Club und Schützenverein widmeten ihm ehrende Worte.

Erst Jahrzehnte später beendete das Zusammenwirken eines polnischen Hobbyhistorikers, einer Sylter Pastorin und eines Schweizer Doktoranden das Schweigen über Reinefarths Vergangenheit. Nun wurde am Rathaus eine Tafel angebracht, die nicht nur an den Warschauer Aufstand erinnert, sondern auch an die Rolle des Mannes, den die Sylter lange als Bürgermeister verehrt hatten. »Beschämt verneigen wir uns vor den Opfern und hoffen auf Versöhnung.« Als erste Gemeinde Deutschlands schickte Westerland 2014 eine Delegation zu den Gedenkfeiern zum Warschauer Aufstand.

Für Niko Ehlers kam das zu spät. Bald nach seinem Rücktritt, am Heiligabend 1958, verunglückte er auf der Heimfahrt von seiner neuen Poststelle auf dem Festland so schwer, dass er wenige Tage später starb. Schon bald waren der Widerstandskämpfer und sein Einsatz zur Aufklärung des Skandals um Reinefarth vergessen. Dem Engagement zweier Frauen aus seiner Familie, Marianne Ehlers und Anke Roßberg, ist es zu verdanken, dass an dieser ungewöhnlichen Stelle der unbequeme und mutige Lokalpolitiker Niko Ehlers mit einem Stolperstein geehrt wird.

BUS A, B KATHOLISCHE KIRCHE

Der Friedhof der Namenlosen

HEIMATSTÄTTE FÜR HEIMATLOSE
ECKE KÄPTN'-CHRISTIANSEN-STRASSE/
ELISABETHSTRASSE
25980 WESTERLAND

TIPP

DIE GEGENÜBERLIEGENDE KATHOLISCHE ST.-CHRISTOPHORUS-KIRCHE MIT IHREM UNGEWÖHNLICHEN SCHIFFSÄHNLICHEN INNERN LOHNT EINEN BESUCH.

Nicht weit von der Friedrichstraße entfernt liegt ein kleines, von einem Friesenwall umgebenes Karree. Eine geschwungene weiße Holztür führt ins Innere, wo auf dem Rasen 53 schlichte Kreuze stehen, auf denen jeweils nur Datum und Fundort notiert sind. Das ist der Friedhof für unbekannte Tote, die man am Strand gefunden hatte. Eröffnet wurde die »Heimatstätte für Heimatlose« im Jahr 1854.

Bis dahin hatte man sich nicht besonders um die Toten – mehr als 400 zwischen 1600 und 1870 – aus dem Wasser gekümmert. Manche wurden wieder ins Meer geworfen, andere verscharrte man möglichst schnell fern der Ortschaften ohne Grabstein oder

Kreuz – aus Angst vor Krankheiten und Seuchen oder weil mögliche Selbstmörder und Heiden nicht in geweihter Erde beigesetzt werden durften. Dazu kam das schlechte Gewissen der Insulaner, wenn sie gekenterte Schiffe ausgeraubt hatten, statt den ertrinkenden Seeleuten zu helfen. In Notzeiten sollen sie sogar Schiffbrüchige am Strand erschlagen und vergraben haben, um an das begehrte Strandgut zu gelangen. Die Verstorbenen spukten dann in den Dünen und rächten sich an den Lebenden. Davon erzählen zwar viele alte Geschichten, wirklich beweisen aber lassen sich solche Taten nicht.

Belegt aber ist, dass auch auf den anderen nordfriesischen Inseln und an der Nordseeküste anonyme Wasserleichen am Strand vergraben wurden. Erst seit der Mitte des 19. Jahrhunderts werden sie auf eigens für sie angelegten Friedhöfen bestattet. Diese grundlegende Änderung im Umgang mit den namenlosen Toten fällt zeitlich mit dem Aufkommen des Tourismus an der Nordsee zusammen. Kein Zufall, wie man am Beispiel Sylts sieht.

Als der Reisebuchautor Julius Rodenberg 1859 den Westerländer Strandvogt Wulf Hansen Decker zum Umgang mit unbekannten Toten aus dem Wasser befragte, antwortete dieser, sie erhielten ein Begräbnis wie ein verstorbener Dorfbewohner: »Wir singen ein Lied an seinem

Grabe, und unser Pfarrer spricht den Segen darüber. Das ist unser Brauch.« Ein damals allerdings noch ganz junger Brauch, den Decker selbst mit erschaffen hatte. Erst 1854 war auf seine Initiative hin die »Heimatstätte für Heimatlose« vor den Toren Westerlands errichtet worden. Fast zeitgleich hatte sein Cousin Wulf Manne Decker 1855 das »Seebad Westerland« mitbegründet. Damit begann auf der Insel die neue Ära des Fremdenverkehrs, der sich bald zur wichtigen Einnahmequelle entwickelte. Nun kamen Menschen aus Großstädten mit anderen Sichtweisen und Moralvorstellungen hierher, in deren Augen man nicht als »barbarisch« oder »unzivilisiert« dastehen wollte. Erst durch den Blick der Fremden wurden sich die Insulaner der eigenen Haltungen bewusst – und erfanden unter diesem Blick eine eigene Insel-Identität, wie hier der Strandvogt Decker, wenn er eine neue Verhaltensweise als uralten Brauch darstellt.

In den folgenden Jahrzehnten avancierte der See-Friedhof, der damals weitab vom Dorf in der Heide lag, zu einer richtigen Attraktion für die Urlauber. Beerdigungen von namenlosen Toten, meist ertrunkenen Seeleuten, übten einen morbiden Reiz aus: »Herren in Strandschuhen, Damen in Tenniskostümen schauen zu, Fotografen schießen Bilder, die am nächsten Tag als Souvenirs verkauft werden.« Das hatte man wohl nicht beabsichtigt, nahm es aber gern in Kauf.

1907 wurde der Friedhof geschlossen, weil immer mehr Häuser in der Umgebung gebaut wurden. Später aufgefundene Strandleichen bestattete man fortan auf dem Neuen Westerländer Friedhof außerhalb des Ortes. Mittlerweile liegt die »Heimatstätte für Heimatlose« fast im Zentrum Westerlands, nicht weit entfernt von der belebten Fußgängerzone – aber unbeachtet von den meisten Feriengästen.

Wenningstedt

9

BUS 1 WENNINGSTEDT MITTE

Das Rote Kliff

Besonders bei wolkenbedecktem Himmel sind die Farben Sylts eher verhalten. Das gilt auch für das »Rote Kliff«, dessen Kolorit tagsüber zwischen Ocker und sanften Sienatönen changiert. Mit ihrer Höhe von dreißig Metern ist die viereinhalb Kilometer lange Abbruchkante zwischen Wenningstedt und Kampen selbst bei schlechtem Wetter beeindruckend. Spektakulär aber sieht die Steilküste aus, wenn die untergehende Sonne sie in flammendes Rot taucht. Die wissenschaftliche Erklärung ist einfach: Das Rote Kliff rostet. Es besteht aus Geschiebelehm mit eisenhaltigen Bestandteilen, die an der Luft oxidieren und sich deshalb rötlich verfärben.

TIPP

EINSTIEG IN WENNINGSTEDT BEIM PARKPLATZ BERTHIN-BLEEG-STRASSE AM STRANDÜBERGANG 33, VON DORT GEHT ES AUF DER HÖHE ENTLANG BIS ZUR UWE-DÜNE.
NACH LANGER RESTAURIERUNG WIEDER GEÖFFNET: DIE STURMHAUBE AM ROTEN KLIFF

Schon früh fungierte das Kliff als wichtigster Orientierungspunkt an der nordfriesischen und dänischen Nordseeküste, wie bereits Seekarten des 16. Jahrhunderts zeigen. Seit jener Zeit hat sich seine Küstenlinie immer weiter gen Osten verlagert. Denn Sturmfluten, Starkregen, Frost und Wind bedrohen ständig die Steilküste, bis zu vier Metern brechen jährlich ab. Da dies den alten Syltern zu gefährlich war, errichteten sie nahe am Rand keine Häuser. Die reizvolle Lage direkt am Kliff reizte hingegen die Fremden umso mehr – wie Clara Tiedemann, als sie 1923 ihre Pension »Kliffende« nur hundert Schritte entfernt vom Strand bauen ließ (siehe Lieblingsort 15). Doch bald erfährt sie die Gewalt der Natur auf der Insel am eigenen Leib. Sie wird »wie von einer Faust gepackt und seitlich gegen den Wall geschleudert, man kommt nicht an das Kliff heran, kann sich nur kriechend vorwärtsbewegen. Sturm peitscht den Sand wie Nadeln ins Gesicht.« Verschwunden der Strand, nichts als weiße Schaumkronen, dunkelgrünbraun schlagen die gewaltigen Wellen gegen das Kliff. Angst um ihre Pension hat Clara Tiedemann dabei erstaunlicherweise nicht, im Gegenteil, sie erlebt alles wie ein großartiges Naturschauspiel. Da lag das Haus noch in einiger Entfernung vom Rand des Kliffes.

In den kommenden Jahrzehnten rückte die Abbruchkante immer näher – höchste Zeit für innovative Maßnahmen. Die damalige Besitzerin des Anwesens, die Deutsche Bank, die »Kliffende« seit 1955 als Gästeunterkunft für ihre leitenden Angestellten nutzte, investierte eine Million Mark in den Küstenschutz vor Ort. Mit Sand gefüllte lange Säcke aus neuartigen Stoffen wurden am Strandabschnitt vor dem Grundstück auf einer Länge von 160 Meter sieben Meter hoch gestapelt. Darüber kam dann noch einmal eine Schicht Sand, so dass eine Art künstliche Vordüne entstand. Mehrere Jahre ging der Plan auf, doch 1999 fegten die schweren Stürme Anatol und Kerstin die schönen Geotextilien hinweg. Einige Reste blitzen heute manchmal unter dem Sand auf. In den letzten Jahrzehnten haben sich am Roten Kliff wie überall auf der Insel Sandvorspülungen am besten bewährt. Dabei wird mit Schiffen und einer Rohranlage zusätzlicher Sand auf den Strand transportiert, wodurch verhindert werden soll, dass die Wellen bei Sturmfluten direkt gegen die Abbruchkante schlagen. Zwar hat sich das Rote Kliff an seinem nördlichen Ende länger

gehalten als anderswo – wie eine kleine Landzunge ragt es auf den Strand. Doch das »Haus Kliff-ende« liegt inzwischen gefährlich nahe am Rand.

Von Wenningstedt bis Kampen führt oben auf dem Kliff ein sehr schöner naturbelassener Weg auf Holzstegen oder Sand durch Dünentäler mit spektakulären Blicken aufs Meer. Als Rückweg empfiehlt es sich, am Wasser entlangzugehen, besonders wenn abends die Sonne das Kliff rot zum Leuchten bringt.

10

BUS 1 HAUPTSTRASSE FRIESENHOF ODER NORDDÖRFER SCHULE

Der Denghoog

DENGHOOG
AM DENGHOOG 1
25996 WENNINGSTEDT
WWW.SOELRING-MUSEEN.DE/STEIN
ZEITGRAB-DENGHOOG
KOPIEN DER GRABFUNDE IM
SYLT-MUSEUM IN KEITUM

Das ganze Jahr über ist es nur ein grauer Findling in einem unterirdischen Raum. Nur an einem einzigen Tag schimmert und funkelt er bei gutem Wetter wie ein kostbares Juwel: Wenn am 21. Dezember die Sonne ihren Tiefstand erreicht, scheint sie durch die enge Türöffnung des urzeitlichen Grabes genau auf diesen Stein aus Quarzit und bringt ihn zum Glitzern. Ob es sich um den Grabstein für einen Herrscher oder um ein Symbol des ewigen Wiederbeginns handelt, ist eines der vielen Rätsel, die der Denghoog in Wenningstedt aufgibt.

Mehr als 5000 Jahre alt ist das Steinzeitgrab, das unter einem 3,50 Meter hohen grasbewach-

senen Hügel liegt. Besonders beeindruckend die elliptische, ziemlich geräumige und bis zu 1,90 Meter hohe Grabkammer: Zwölf große Tragsteine, unter ihnen der Glimmerstein, bilden die Seitenwände. Als Decke fungieren ebenfalls riesige Findlinge, die während der vorletzten Eiszeit aus Skandinavien hierher gelangt waren.

Die Erbauer haben sehr sorgfältig gearbeitet, alle Zwischenräume wurden mit Steintrümmern und festem, blauem Ton aus dem Watt im Osten der Insel gefüllt. Als 1868 ein Hamburger Professor namens Wibel das Grab öffnete, war es außergewöhnlich gut erhalten und völlig unberührt. Im Innern fanden sich zahlreiche Grabbeigaben: Bernsteinperlen, Tongefäße und steinerne Werkzeuge, die aus der Zeit von 3200 bis 3000 v. Chr. stammen.

Wie in Wenningstedt finden sich überall auf dem sturmflutsicheren Geestkern von Sylt Spuren früher Besiedlung von Menschen, die keine Nomaden und Sammler mehr waren, sondern neben Fischfang auch Ackerbau und Viehzucht betrieben. Die wichtigsten Zeugnisse ihrer Existenz sind fast 50 Grabhügel, die sich über die ganze Insel verteilten. Wie es den Erbauern des Denghoogs gelang, die bis zu 20 Tonnen schweren Findlinge so aufeinanderzusetzen, dass ein begehbarer Raum entstand, ist nicht völlig geklärt. Sehr überzeugend aber die These des gut informierten älteren Herrn, der die Eintrittskarten verkauft: Mit Seilen und Hebeln sollen die Menschen die Steine auf Eisbahnen hierher bewegt haben, wozu mehrere Winter nötig waren. Dann stellten sie die zwölf Tragesteine im ovalen Rund auf und füllten den Zwischenraum mit Erde. Obendrauf legten sie die Decksteine so, dass nach Entfernen der Erde ein Hohlraum entstand.

Der Name gibt ebenfalls Rätsel auf: Die einen deuten ihn als »Hügel mit unterirdischem Gemach«, andere als »Hügel auf der Wiese«. Im Syltfriesischen bedeutet Denghügel Thinghügel, also einen Hügel, auf dem man später jahrhundertelang Versammlungen unter freiem Himmel abhielt. In jedem Fall ist der Denghoog einer der magischen Orte auf Sylt, der uns in die weit entfernte Vergangenheit führt. Dass wir die Grabkammer nicht nur von außen betrachten, sondern auch betreten können, verdanken wir dem Sylter Kultur- und Heimatverein *Söl'ring Foriining*, der das Gelände 1928 gekauft, das Grab restauriert und für Besucher zugänglich gemacht hat – an jedem Tag im Jahr, also auch am 21. Dezember, mit etwas Glück bei Sonnenlicht auf dem Glimmerstein.

Die uralte Grabstätte ist allerdings bedroht. Ganz in der Nähe wird ein Appartementhaus für Feriengäste mit weitläufiger Unterkellerung gebaut. Der Verein befürchtet Schäden an dem urzeitlichen Denkmal, das bisher zu den am besten erhaltenen in Schleswig-Holstein gehört.

BUS 1 HAUPTSTRASSE FRIESENHOF

Die Friesenkapelle

Seit 1635 pilgerten die Wenningstedter jeden Sonntag bei Wind und Wetter zum Gottesdienst nach Keitum, sechs Kilometer hin, sechs Kilometer zurück. Im Winter wie im Sommer. Im Streit um den Bau von St. Niels hatten sie das nähere Kirchspiel von Westerland verlassen müssen und sich der Gemeinde Keitum angeschlossen. Denn eine eigene Kirche konnte sich das bitterarme Dorf jahrhundertelang nicht leisten.

Doch dann beschwerten sich die Badegäste, die Ende des 19. Jahrhunderts in dem kleinen Ort zu einer wichtigen Einnahmequelle wurden. Sie wollten im Urlaub nicht auf ihren sonntäglichen Gottesdienst verzichten, hatten

FRIESENKAPELLE
BI KIAR 9
25996 WENNINGSTEDT
WWW.FRIESENKAPELLE.DE

aber keine Lust auf den langen Weg. Extra für diese Gäste hielt dann Pastor Riewert aus Keitum Gottesdienste in Privathäusern in Wenningstedt ab. Als um die Jahrhundertwende die Touristen zahlreicher wurden, traf man sich am Sonntagnachmittag im Saal des »Friesenhofs«, bis der Wirt protestierte, weil er in der Zeit nichts verdiente. Nachdem er immer unverhohlener mit Rausschmiss gedroht hatte, entschloss man sich zum Bau einer eigenen Kapelle – eine Kirche durfte es nicht sein, da die Keitumer Pastoren keine Konkurrenz duldeten. Die Wenningstedter Familie Teunis stiftete ein Grundstück nahe dem Dorfteich, und die Landeskirche bewilligte 12 500 Mark, so dass man sofort ans Werk gehen konnte. Am 20. Juni 1915 fand mitten im Ersten Weltkrieg die Einweihung des Gotteshauses statt.

Offiziell hieß das Gebäude »Norddörfer Kapelle«, der Volksmund taufte es aber sofort »Friesenkapelle«. Denn der Bau wirkt wie eine uralte nordische Kirche. Von außen sorgen dafür der auf Sylt übliche rote Backstein, der trutzige Turm und das weit heruntergezogene Dach der Friesenhäuser. Innen erinnert die Decke mit Szenen aus der Bibel an Bauernmalerei. Darunter zieht sich ein Spruchband mit dem Vaterunser in goldener Schrift auf Sölring, dem alten Dialekt der Insel. Den Eindruck des original Friesischen vervollständigt die Altarwand, die seit den 1960er Jahren mit kostbaren handbemalten Delfter Kacheln in Blauweiß bedeckt ist – wie in einem *Pesel*, der guten Stube der alten Kapitänshäuser. Manche nannten das Gotteshaus dann auch »Fliesenkapelle«.

Ähnlich wie der Anlass zum Bau des Gotteshauses stammt übrigens der Entwurf für diese so original wie originell wirkende Kirche nicht von der Insel, sondern aus der fernen Großstadt: vom Architekturbüro Müller und Brodersen aus Berlin-Charlottenburg. Was als original friesisch und ursprünglich erscheint, verdankt sich also in Wirklichkeit in doppelter Weise ortsfremden Großstädtern.

12

BUS 1 HAUPTSTRASSE FRIESENHOF

Der Dorfteich

AM DORFTEICH
25996 WENNINGSTEDT
DAS DORFTEICHFEST FINDET JEDES JAHR AM LETZTEN SAMSTAG IM JULI STATT.

Als Wenningstedt 1959 auf 100 Jahre als Seebad zurückblicken konnte, erhielt die Gemeinde von einigen Bürgern ein ungewöhnliches Geschenk: den Dorfteich. Um Sylts einzige natürliche Süßwasserstelle hatten sich schon früh Bauern angesiedelt, die das kleine Gewässer unter sich aufteilten und als Viehtränke nutzten. Hier spielten aber auch die Kinder, hier wuschen die Frauen ihre Wäsche. Im Winter lief man Schlittschuh und freute sich auf den »Eistanz« für die Jugend. Brautpaare umrundeten den See auf ihrem traditionellen Hochzeitsspaziergang. In ihren Jugenderinnerungen schildert die in Wenningstedt geborene Journalistin Ose Köster

(1919–2002), dass der »Kiar«, wie der Teich auf Syltfriesisch heißt, damals für die Dorfbewohner wichtiger war als der Strand. Erst nach dem Zweiten Weltkrieg verlor er seine Bedeutung, weil viele Bauern die Landwirtschaft aufgaben und ihn nicht mehr brauchten. Als der Tümpel immer mehr mit Schilf und Algen zuwuchs, nahmen die Besitzer das hundertjährige Jubiläum als Seebad zum Anlass, ihn ihrem Heimatort zu schenken. Allerdings unter mehreren Bedingungen: Die Gemeinde solle den Teich ausbaggern, dazu eine Vogelinsel und gepflegte Spazierwege anlegen. Ein teures Geschenk, denn die damaligen und laufenden Instandsetzungsmaßnahmen waren sehr kostspielig – die *Sylter Rundschau* sprach 2013 von bis zu 240 000 Euro.

Doch dafür schuf man einen für Sylt ungewöhnlichen und idyllischen Dorfmittelpunkt. Im Wasser tummeln sich Karpfen, Aale und andere Fische. Auf zwei Vogelinseln finden Enten, Blässhühner, Graugänse und Kormorane mitten in der Zivilisation Platz zum Nisten. Die schönsten alten Friesenhäuser säumen das Ufer, sogar das Toilettenhäuschen ist mit Reet gedeckt und innen mit blauweißen Kacheln ausgestattet. Seit 2001 ragt eine elegante hölzerne Seebrücke in den Teich hinein und dient als beliebte Fotokulisse für Brautpaare, die sich hier sogar das Jawort geben können. Und die Wenningstedter selbst haben eine eigene moderne Tradition gestiftet: Seit über vierzig Jahren feiern sie im Sommer an ihrem Teich ein Dorffest.

BUS 1 WENNINGSTEDT MITTE

Die neue Kurpromenade

KURSAAL³ IM »HAUS AM KLIFF«
STRANDSTRASSE 25
25996 WENNINGSTEDT

GOSCH AM KLIFF
DÜNENSTRASSE 17A
25996 WENNINGSTEDT
WWW.GOSCH.DE/STANDORTE/GOSCH-AM-KLIFF

Nordische Sommernächte sind lang. Man hat also viel Zeit, um vor oder nach dem Abendessen zu flanieren, sich irgendwo hinzusetzen, Leute zu treffen oder einfach nur das Meer anzuschauen. Mein Lieblingsort dafür ist die neue Kurpromenade in Wenningstedt. Ausgerechnet Wenningstedt. Das Dorf stand immer im Schatten seiner Nachbarn, »gemütlicher Familienort« war noch eine nettere Bezeichnung, andere nannten es »langweilig« oder »spießig«, trotz seiner tollen Lage an einer spektakulären Steilküste, über der sich früher ein gesichtsloser zugiger Platz mit einer riesigen Fischgaststätte von Gosch befand – und dann lange Zeit eine Baustelle.

Die neue Kurpromenade ist wirklich gelungen. Moderne Holzplanken, Strandhafer, kleine Terrassen und Plätze lockern das Gelände auf. Dazu findet man überall Sitzmöglichkeiten: Strandkörbe, Bänke aus Baumstämmen und großzügige Treppenstufen. In Form einer Welle fügt sich das neue Restaurant von Gosch mit seinem grasbewachsenen Dach, den hohen Glasfronten und den windgeschützten Sitzbänken wunderbar in die Landschaft ein. Und es versorgt die FlaneurInnen draußen mit den beliebten Fischbrötchen. Wein gibt es leider nur in Flaschen, dafür aber mit Gläsern. Für Jürgen Gosch, der mit einer einfachen Fischbude in List begonnen hatte, stellt der überraschend avantgardistische Bau der Sylter Architekten Schlums und Franzen die »Krönung seines Lebenswerks« dar.

Der Kursaal[3], das neue »Event-Haus« der Gemeinde ein paar hundert Meter weiter, ist nicht so außergewöhnlich, aber auch ein interessantes Gebäude mit viel dunklem Holz, hohen Fensterfronten und großer Terrasse. Die *Sylter Rundschau* schwärmte bei der Eröffnung am 29.12.2014 besonders von der »futuristisch anmutenden Tiefgarage«. Konzipiert und gebaut wurde das Haus vom Wenningstedter Architekten Hans Schwemer.

Belebt wird das gesamte Areal von lebensgroßen Skulpturen

der Künstlerin Christel Lechner. Viele erinnern an Kurgäste der 1950er und 1960er Jahre: keine perfekten Körper, sondern Menschen wie du und ich, etwas älter, etwas beleibt, nicht chic, aber sehr sympathisch. Wie die drei fülligen Damen im Badeanzug mit Surfboard unterm Arm, die jedem sofort ein Lächeln ins Gesicht zaubern, sind sie vielleicht ein selbstironischer Kommentar der Wenningstedter zu ihrer eigenen Vergangenheit als »spießiges Familienbad«.

Ganz verschwunden ist dieser Aspekt des Wenningstedter Tourismus aber an der neuen Promenade nicht. Die Ferienhäuser in bester Lage direkt neben dem Kurzentrum verströmen mit ihren schwarzglänzenden Dachschindeln den Charme gesichtsloser Dorfdurchfahrten. Da hilft nur: den Blick gen Westen richten und das Meer anschauen. Am besten auf der neuen Strandtreppe. Anders als sonstige Strandzugänge ist sie nicht schmal, sondern breit und dreigeteilt. Die Mitte ist zum Gehen da, an den Seiten laden bequeme und elegante Plastikpolster in Graubeige zum Sitzen ein. Eine Art Spanischer Treppe von Sylt. Doch hier braucht es keine barocke Kirche als architektonischen Hintergrund, hier sorgt das Meer für einzigartige Inszenierungen.

Kampen

BUS 1 KAMPEN MITTE

Die Uwe-Düne

ZUR UWE-DÜNE
25999 KAMPEN

DAS UWE-JENS-LORNSEN-DENKMAL IN KEITUM
ECKE BAHNHOFSTRASSE / UWE-JENS-LORNSEN-WAI
25980 KEITUM

Die Sylter nennen sie den höchsten Berg ihrer Insel, andere sprechen von einem kleinen Hügel: Gerade einmal 52,50 Meter misst die »Uwe-Düne« in Kampen. Ihren merkwürdig informellen Namen verdankt sie »dem« Sylter Freiheitshelden Uwe Jens Lornsen (1793–1838), der außerhalb Schleswig-Holsteins wenig bekannt, hier aber hochverehrt ist. Aus einer berühmten Sylter Seefahrerfamilie stammend – ein Vorfahr mütterlicherseits war Walfangkommandeur Lorens Petersen de Hahn, der Vater jener Kapitän, der beim Sturm auf die Bastille dabei war –, studierte er Jura in Kiel und Jena und begeisterte sich für die Ideale der Französischen Revolution und die

Idee der Einheit der Deutschen. Nach einem Intermezzo in Kopenhagen als Regierungsbeamter Schleswig-Holsteins, das damals Dänemark unterstand, kehrte er 1830 auf seine Heimatinsel zurück, wo er als erster Sylter seit 100 Jahren das Amt des Königlichen Landvogts in Tinnum übernahm – allerdings mit der wohl kürzesten Amtszeit aller Zeiten. Bereits nach zehn Tagen wurde er von den Dänen verhaftet und aufs Festland gebracht. Die Anklage lautete auf Hochverrat, weil Lornsen eine Streitschrift veröffentlicht hatte, in der er ein weitgehend von Dänemark unabhängiges Schleswig-Holstein mit autonomer Verwaltung forderte. Nach seiner Freilassung schiffte er sich 1833 nach Rio de Janeiro ein. Doch auch in seinem selbstgewählten Exil ließ ihn der Norden nicht los. Er entwarf eine demokratische Verfassung für eine Union von Schleswig-Holstein mit Dänemark. 1837 kehrte er nach Europa zurück, erfuhr vom Selbstmord seiner Schwester und brachte sich im Alter von 44 Jahren am Genfer See ebenfalls um. Lange schon hatte er selbst an seelischen Problemen gelitten, wurde später indes als Märtyrer und nationale Symbolfigur verherrlicht.

Die Sylter hatten stets eine besondere Sympathie für Uwe Jens Lornsen, der ihnen mit seinen Forderungen nach Unabhängigkeit von Dänemark aus dem Herzen gesprochen hatte. In seinem Geburtsort Keitum benannten sie eine Straße nach ihm und errichteten ein imposantes Denkmal. Die schönste und passendste Ehrung aber fand Lornsen hier in Kampen, indem der höchste Berg der Insel schlicht nach seinem Vornamen »Uwe« genannt wurde.

Wer hier oben steht, dem offenbaren sich auch die eigentlichen Bergqualitäten der Düne. Trotz ihrer geringen Höhe überragt die Uwe-Düne das gesamte Umland, so dass sich bei klarem Wetter ein spektakulärer Rundumblick weit über Sylt hinaus auf die Nachbarinseln und das Meer öffnet und eine Ahnung vom Freiheitsgefühl der Sylter vermittelt.

BUS 1 KAMPEN DIKSTICH

Haus Kliffende

HAUS KLIFFENDE
RIPERSTIEG 2
25999 KAMPEN

TIPP

INFOS ZUM KAMPENER KUNSTPFAD:
WWW.KAMPEN.DE/KAMPEN-ENTDECKEN/KUNST-KULTUR/KAMPENER-KUNSTPFAD

Nördlich der Kurhausstraße in Kampen erstreckt sich eine weite, fast unbebaute Heide- und Dünenlandschaft. Nur am Rand des Roten Kliffs, das hier ausläuft, duckt sich hinter einem Wall mit blühenden Syltrosen ein großes Anwesen, weiß gestrichen mit tief heruntergezogenem Reetdach. Schöner kann ein Haus nicht liegen – so dachte auch die Schauspielerin Clara Tiedemann, als sie sich bei ihrem ersten Syltbesuch 1920 unsterblich in diesen Flecken Erde verliebte, auf dem damals eine kleine Gastwirtschaft stand. Wie schön wäre es, hier selbst ein Anwesen zu besitzen! Ehemann Jürgen Heinrich Tiedemann, Buchhändler aus Meldorf mit einem gut ge-

henden Antiquariat in Berlin, erfüllte seiner jungen Frau diesen Wunsch. Er kaufte das Grundstück und beauftragte den Architekten Walther Baedeker mit dem Bau eines Friesenhauses. »Wie die Häuser meiner Vorväter in Dithmarschen und Angeln«, jubelte die neue Besitzerin und taufte es »Kliffende«.

Es war einer der Momente, in denen das Leben eine neue Richtung einschlägt. Clara Tiedemann gibt ihren Beruf auf und richtet ein Hotel ein, von dem sie sehr klare Vorstellungen hat: kein übertriebener Luxus, aber viel Komfort, z.B. gute Betten und Zentralheizung. Zum Essen beste Hausmannskost, das Frühstück als Buffet, an dem sich jeder bedienen kann, damals ein Novum. Zur Auswahl stehen selbst gebackenes Brot, Katenschinken, Bircher Müsli, Eier mit Speck und täglich frisch Rote Grütze nach eigenem Rezept. Mittags wird ein kalter Lunch serviert, nachmittags »Kaffee und Kuchen unbegrenzt«. »Abends macht sich jeder hübsch und da gibt es die Hauptmahlzeit«, verfügte die resolute Wirtin.

In diesem Gästehaus hätte man selbst gern logiert, aber wohl keine Chance gehabt. »Eigentlich bekam man nur ein Zimmer, wenn man von irgendeinem Schriftsteller, Musiker, Künstler oder Verleger eingeführt worden war. Dank dieser Exklusivität war das Hotel stets ausgebucht, obwohl die Vollpension 16,50 Mark kostete, ein für damalige Verhältnisse horrender Betrag.« Die Pension wurde zum Treffpunkt der intellektuellen und künstlerischen Elite der 1920er Jahre. Viele kamen aus Berlin, manche fast jeden Sommer wie die Bildhauerin Renée Sintenis. Ob der Komponist und Kabarettbesitzer Friedrich Hollaender, die Sängerin Margo Lion oder der Verleger Ernst Rowohlt: »Man war schließlich nur mit Leuten zusammen, deren Namen in den Zeitungen standen.«

Thomas Mann verbrachte hier zweimal mit seiner Familie ausgiebige Sommerferien, die ihn zwar nicht zum Schreiben animierten, ihm aber eine große Liebe bescherten. 1927 verliebte er sich in den siebzehnjährigen Klaus Heuser, einen Freund seiner Kinder. Ob sich sein Eintrag im Gästebuch darauf bezieht: »Nicht Glück oder Unglück – der Tiefgang des Lebens ist es, worauf es ankommt. An diesem erschütternden Meere habe ich tief gelebt«? Ein Jahr später klingt sein Eintrag jedenfalls weitaus nüchterner: »Wir reisen leider wieder einmal. Wie gut, dass Kliffende bleibt.«

Das Haus Kliffende ist tatsächlich geblieben. Allerdings logiert hier seit dem Verkauf an die Deutsche Bank 1955 eher die Finanzelite. Mittlerweile weht über dem äußerlich unveränderten, innen luxuriös ausgebauten Anwesen die Schweizer Flagge. Clara Tiedemann starb im Alter von 88 Jahren in Stuttgart, begraben wurde sie 1979 auf dem Keitumer Friedhof. In einiger Entfernung von ihrer einstigen Pension erinnert eine Stele des Kampener Kunstpfades in der Nähe eines Parkplatzes an sie mit einem schönen Zitat, dem man sich nur anschließen kann: »Diese prickelnde Luft, dieser Wind, der einem ständig in die Ohren pfeift, der schneeweiße Sand, diese ganze Pracht ohnegleichen. Kann es irgendwo schöner sein?«

16

BUS 1 VOGELKOJE KLAPPHOLTTAL

Eine Watt-wanderung

NATIONALPARK WATTWANDERUNG
TREFFPUNKT BUSHALTESTELLE VOGELKOJE
LISTER STRASSE 110
25999 KAMPEN
KARTEN AN ALLEN VORVERKAUFSSTELLEN

Auf den ersten Blick wirkt das Wattenmeer im Osten Sylts wie eine endlose, graubraune Ebene, doch bald erkennen wir Farbunterschiede, ab und zu glitzert Wasser, manchmal sogar ein breiterer Priel, an einigen Stellen bilden sich »Rippelmarken«, von Windrichtung, Seegang und Strömung geprägte wellenartige Erhebungen, die mehrere hundert Meter lang werden können und von oben betrachtet wie ein abstraktes Kunstwerk aussehen. Beim Näherkommen dann zeigen sich wie im Schnee vielfältige Spuren: die Spaghettihäufchen der Wattwürmer, bänderartige Abdrücke von Strandschnecken, wie mit Bleistift gezogene hauchdünne Linien der gemei-

nen Wattschnecke und überall Vogelfährten. Das sind nur einige der vielen Lebewesen, die in diesem amphibischen Zwischenreich mit komplizierten Bedingungen zurechtkommen müssen: Zweimal täglich Ebbe und Flut bedeuten ständigen Wechsel zwischen Wasser und Trockenheit, jährliche Temperaturschwankungen bis zu 40 Grad, dazu eine salzhaltige Umgebung und überall Fressfeinde.

Auch für uns Menschen kann das Watt gefährlich werden, wenn bei auflaufender Flut unbemerkt ein kleiner Priel zu einem reißenden Strom anschwillt und den Rückweg abschneidet. Da zudem seit 1985 weite Teile des Nationalparks Schleswig-Holsteinisches Wattenmeer als Schutzzonen nicht betreten werden dürfen, sollte, wer das Watt erkunden will, eine der vielen Führungen mitmachen, die an verschiedenen Orten der Insel angeboten werden. Mein Tipp: eine Führung von der Kampener Vogelkoje aus, weil hier das Watt schön fest ist und sich hervorragend zum Barfußlaufen eignet. Sonst empfehlen sich Gummistiefel, in jedem Fall aber praktische Kleidung. Wattführer Werner Mansen trägt außerdem noch einen soliden Spaten mit sich.

Zunächst geht es durchs Schlickwatt, beliebt bei Kindern, weil es so schön matscht, dann folgt ein Stück im glitschigen Mischwatt (Verursacher sind Kieselalgen, sehr gesund, aber etwas modrig stinkend), bis wir das festere Watt erreicht haben. Immer wieder bleiben wir stehen, weil es etwas Interessantes zu sehen oder zu hören gibt, obwohl sich das Leben im Watt weitgehend im Verborgenen unter der Oberfläche abspielt, aber dafür in großer Dichte, wie wir erfahren. Ein Quadratmeter Watt enthält im Durchschnitt bis zu 40 Wattwürmer, 130 Herzmuscheln, 620 Seeringelwürmer und 30 000 Schlickkrebse, alle ununterbrochen in Bewegung. Manche hört man wie die Herzmuscheln, die das sogenannte »Wattknistern« von sich geben. Andere hört und sieht man nicht, und doch graben sie mehrmals im Jahr das gesamte obere Watt um: Die Wattwürmer, die zwanzig Zentimeter tief in einer Röhre leben, Pflanzenreste aus dem Watt herausfiltern, diese dann in den charakteristischen Spaghettihäufchen aufwerfen und deshalb »Maulwurf des Meeres« genannt werden. Scheu wie der Maulwurf ist der Wattwurm jedenfalls und schwer zu fassen, meistens jedenfalls. Doch wenn er gerade Häufchen wirft, kommt die große Stunde des Wattführers. Blitzschnell zückt er den Spaten und gräbt den Wurm aus, um ihn uns zu präsentieren. Ähnlich verfahren Vögel wie die Austernfischer, die allerdings – weil ohne Schaufel – oft nur das Schwanzende zu fassen bekommen. Das aber kann der Wattwurm bis zu sieben Mal in seinem Leben abwerfen – eine Überlebenstechnik, die nur eine der erstaunlichen Eigenschaften dieses unscheinbaren Tierchens darstellt und von der wir ohne Wattführung nicht erfahren hätten.

BUS 1 KAMPEN MITTE

Die Kupferkanne

KUPFERKANNE
STAPELHOOGER WAI 7
25999 KAMPEN
WWW.KUPFERKANNE-KAMPEN.DE

Seit Jahrzehnten ist die Kupferkanne in Kampen eine Institution. Die Liste der bekannten Gäste reicht von der Schah-Gattin Soraya über Curd Jürgens bis zu Helmut Schmidt, um nur einige zu nennen. Dabei war das Ambiente hier nie besonders elegant oder chic. Im Gegenteil: Die verwinkelten Räume auf verschiedenen Ebenen wirken mit den unverputzten Wänden und selbst gebauten Holzsäulen eher wie ein labyrinthisches Kellergewölbe. Damit trägt das Gebäude immer noch Spuren seiner ursprünglichen Funktion: Im Zweiten Weltkrieg befand sich hier ein unterirdischer Flakbunker. Dass daraus ein Ort entstand, der für seine Gastlichkeit

berühmt wurde, ist einem Mann zu verdanken, der als Flüchtling nach Sylt kam und blieb.
Acht Tage vor Kriegsende landete Marineoffizier Günter Rieck 1945 mit einem Schiff in Hörnum und kam nicht mehr weg. Auch nach der Kapitulation war an eine Rückkehr in die Heimatstadt Stettin nicht zu denken. Rieck hatte kein Geld und keine Perspektive, aber immerhin teilte man ihm eine Wohnung zu: in einem Flakbunker in Kampen. Nicht gerade gemütlich, dazu größtenteils unter der Erde. Doch der ehemalige Bildhauer ließ sich davon nicht abschrecken und begab sich an die Arbeit: Er buddelte mehrere Räume frei, baute Fenster und richtete sich sogar ein Atelier ein. Die Vasen aus Wattschlick, die er hier schuf, tauschte er gegen Lebensmittel. Immer wieder besuchten ihn die Nachbarn, Gestrandete wie er. Sie müssen sich bei ihm wohl gefühlt haben, so dass er 1950 in den seltsamen Räumen ein »Künstlerlokal« eröffnete – mit bescheidensten Mitteln, einfachen Hockern und Tischen, zwölf Flaschen Wein und sechs Flaschen Schnaps. Rasch wurde die »Kupferkanne« ein Ort für Nachtschwärmer und in den 1960er und 1970er Jahren Treffpunkt der Kampener Ferienschickeria.
Inzwischen ist die »Kupferkanne« nur noch ein Café, das man nicht wegen der Prominenten besucht. Voll ist es dennoch fast immer, weil der selbst gebackene Kuchen hier besonders gut schmeckt. Berühmt sind die mit Pflaumen, Rhabarber oder Äpfeln üppig belegten Blechkuchen. Sehr schön sitzt man draußen im ungewöhnlichen Garten, den Günter Rieck angelegt hat. Als er damit begann, rieten ihm alle Freunde ab: zu karg der Boden, zu scharf der Wind. Doch Rieck ließ sich nicht abschrecken und pflanzte im Laufe der Jahre 30 000 Büsche und Sträucher. Überall sieht man kunstvoll beschnittene Nadelgewächse, bizarr geformte Kiefern verschiedener Größe, verschlungene Pfade und

verwunschene Gartenterrassen. Nur die Aussicht über die Heide zum Wattenmeer erinnert daran, dass wir nicht in einem exotischen Park in Japan, sondern an der Nordsee sitzen. Diese zauberhafte Gartenlandschaft ist das eigentliche künstlerische Vermächtnis Günter Riecks. Dafür (und für den Kuchen) lohnt sich auch längeres Warten.

BUS 1 KAMPEN DIKSTICH

Das ehemalige Suhrkamphaus

SUHRKAMPHAUS
HOBOKENWEG 13
25999 KAMPEN

DIE STELE FÜR PETER SUHRKAMP
GRÖNNING
25999 KAMPEN

»Endlich ein Arbeitszimmer, wie man es sich wünscht: groß und licht, bequem auf eine nüchterne Art, zwei Fenster hinaus aufs Wattenmeer, viel Platz zum Gehen, Tische, wo man Papiere ausbreiten kann, Entwürfe, alte und neue, Briefe, Bücher, Muscheln und Seesterne«, schwärmte Max Frisch, als er im Sommer 1949 mehrere Wochen mit seiner Frau und drei Kindern im Ferienhaus seines Verlegers Peter Suhrkamp in Kampen verbrachte. Häufig lud Suhrkamp Autoren in sein Feriendomizil, wo sie bestens versorgt wurden: Haushälterin Margarete Lützner kochte nicht nur so interessante Gerichte wie Makrele auf Hagebutten, sondern tippte sogar Manuskripte

ab. Wenn einem Schriftsteller dann doch nichts einfiel, beruhigte ihn der Verleger, statt zu drängen: »Verzweifeln Sie nicht, wenn Sie drei, vier Wochen keine Zeile schreiben können.«

Das Anwesen gehörte ursprünglich nicht Suhrkamp selbst; seine vierte Frau, Annemarie Seidel, Schauspielerin, Lektorin und Übersetzerin (u.a. von T.S. Eliot und Truman Capote), hatte es 1935 mit in die Ehe gebracht. Es war ein Geschenk ihres ersten Gatten, Anthony van Hoboken, an seine oft kränkelnde Frau. Der reiche Erbe und Musikforscher (er legte ein Verzeichnis von Joseph Haydns Werken an) hatte in der Einöde im Norden Kampens am Wattrand ein ausgedehntes Gelände gekauft. Dort ließ er in den 1920er Jahren ein luxuriöses Anwesen errichten – mit komfortablem Haupthaus, einem Pavillon samt Bett und Miniküche zum ungestörten Musizieren und einer Garage für sein Ford-Cabriolet.

Annemarie Seidel hielt sich gern in ihrem Haus in Kampen auf, sie war das Zentrum eines geselligen Kreises, oft kamen befreundete Künstler wie ihre ehemalige große Liebe Carl Zuckmayer oder der Schriftsteller Ernst Penzoldt. Der war manchmal auch wochenlang allein hier und machte: »Nichts. Davon bin ich von früh bis spät in Anspruch genommen.« Undenkbar für Peter Suhrkamp, der es allzu selten von Berlin nach Sylt schaffte – erst recht, als er 1950 seinen eigenen Verlag gründete. Dazu kriselte die Ehe, seine Frau zog sich aus dem Verlag zurück, hatte depressive Schübe und trank. Er stürzte sich in die Arbeit. Als der Verlag für die Rechte an der deutschen Gesamtausgabe von Marcel Proust dringend Geld benötigte, verkaufte Suhrkamp das ehemalige Haus seiner Frau für 45 000 Mark ausgerechnet an Axel Springer.

Heute ist die gesamte Gegend nicht wiederzuerkennen. Riesige Ferienvillen im Friesenstil mit großen Gärten säumen den Hobokenweg, der inzwischen als teuerste Straße Deutschlands gilt. Das einstige Suhrkamphaus hat längst wieder den Besitzer gewechselt, es gehört nun dem Internet-Milliardär Ralph Dommermuth, der es derzeit u.a. für seine Sammlung edler Ferraris drei Etagen tief unterkellern lässt. Das unter Denkmalschutz stehende Haus ist für Außenstehende nicht einsehbar. Stattdessen bietet sich ein Spaziergang auf dem Grönning an, einem stimmungsvollen Weg durch Wiesen, Sand und Schilf am Nordrand des Wohngebietes. In einiger Entfernung von seinem ehemaligen Ferienhaus steht eine Stele des Kampener Kunstpfads, die Peter Suhrkamp gewidmet ist. Das Zitat darauf zeigt, dass der große Verleger auch über bemerkenswerte schriftstellerische Fähigkeiten verfügte: »Ich sehe mich auf Sylt im Schnittpunkt von drei glatten Flächen, die selbst im Unendlichen des Raumes stehen, der ebene Heideboden, das Rund des Himmels und die in Blau, Grün und Silber fließende Tafel des Meeres.«

19

BUS 1 VOGELKOJE KLAPPHOLTTAL

Die Kampener Vogelkoje

KAMPENER VOGELKOJE
LISTER STRASSE 100
25999 KAMPEN
WWW.SOELRING-MUSEEN.DE/NATUR PFAD-VOGELKOJE-KAMPEN

TIPP

RESTAURANT VOGELKOJE
LISTER STRASSE 100
25999 KAMPEN
WWW.VOGELKOJE.DE

Kaum ein Lichtstrahl dringt durch die Blätter, kaum ein Laut ist zu hören, obwohl die Kampener Vogelkoje direkt an der vielbefahrenen Straße von Kampen nach List liegt. Wir stehen in einem Gewirr von uralten knorrigen Eichen, Erlen und Silberpappeln, dazwischen ranken Brombeeren und Waldgeißblatt mit seinen schönen roten, aber giftigen Beeren. Ein dichter Teppich aus tiefgrünen Farnen überzieht den Boden, manche der Farnwedel wachsen bis zu zwei Meter hoch. Alles wirkt wie in einem verwunschenen Märchenwald. Doch wie im Märchen verbirgt sich auch hier in der Idylle eine grausame Geschichte: Das zauberhafte Auwäldchen

war früher eine Art Hexenhaus, allerdings nicht für Hänsel und Gretel, sondern für Enten.
1767 errichteten drei Sylter auf ungenutztem, sumpfigem Ödland eine Entenfanganlage nach holländischem Vorbild. Wildenten waren damals eine begehrte Delikatesse bei Aristokratie und reichem Bürgertum, und auf Sylt rasteten von August bis Dezember jedes Jahr unzählige Stock-, Krick-, Pfeif- und Spießenten auf dem Weg in die Winterquartiere. Um sie zu fangen, diente eine raffinierte Falle: In einem schützenden Gehölzgürtel vergrößerte man einen kleinen See und setzte dort Enten mit gestutzten Flügeln aus. Sahen die wilden Enten ihre Artgenossen auf dem stillen Teich, fühlten sie sich sicher und ließen sich nieder. Doch die dazu abgerichteten Enten lockten sie in die schilfbewachsenen Seitenarme, und schwupp – schwammen die Gäste in die Falle. Die immer enger werdenden Wasserläufe endeten in einer Reuse oder einem Fangkasten. Dort griff sich der Vogelwärter die Enten und tötete sie mit einem gezielten Schleudergriff – schnell und schmerzlos. Auf diese Weise wurden in der Vogelkoje innerhalb von knapp 150 Jahren mindestens 695 957 Enten getötet. Die Zahl ist in den Rechnungsbüchern der dänischen Könige vermerkt, die für jedes getötete Tier eine hohe Steuer verlangten. Dass die Anlage 1921 geschlossen wurde, verdankt sich übrigens ausgerechnet dem Tourismus, der so viel Lärm und Unruhe brachte, dass immer weniger Wildenten hier rasteten.
Seit 1935 steht das rund zehn Hektar große Gebiet unter Naturschutz und bietet vielen Tieren Zuflucht und seltenen Vogelarten ungefährdete Rast. Manche überwintern hier wie das winzige, nur fünf Gramm schwere Wintergoldhähnchen. Gelbspötter und Schilfrohrsänger brüten, auch Turmfalken und Waldohreulen wurden schon beobachtet. In den Teichen schwimmen Aale und Meerneunaugen, und sogar die stark gefährdete Zwergmaus kann hier überleben. Im Bruchwald wachsen 170 zum Teil seltene Pflanzenarten wie der Königsfarn, die auf einem Naturlehrpfad erkundet werden können.
An die historische Vogelkoje erinnert der Nachbau der Fanganlage, dazu informiert eine anschauliche Ausstellung über die heutige Tier- und Pflanzenwelt. Sie beleuchtet auch die Hintergründe der uns so grausam erscheinenden Vogelfängerpraxis: Die Landbevölkerung im Norden der Insel war bitterarm, die Bö-

den waren zu karg zum Getreideanbau, sogar trockenes Brot galt als Kostbarkeit. Der Entenfang half den Menschen zu überleben.

Gleich nebenan befindet sich das sehr schöne, alte Restaurant »Vogelkoje« mit romantischem Garten, berühmt für seine Ente. Wer darauf nach dem Besuch der Fanganlage verzichten will, kann auch nur Kaffee trinken oder zu zweit das Champagnerfrühstück mit Austern für 245 Euro genießen. Dann ist man schnell wieder ins heutige Sylt katapultiert.

List

20

BUS 1 KAMPEN MITTE ODER DIKSTICH

Die frühere Inselbahntrasse

TIPP

EINEN ÜBERBLICK ÜBER FIRMEN, DIE FAHRRÄDER VERLEIHEN, BIETET SYLT.DE/SERVICE/MOBIL-VOR-ORT/MIETRAD, INSBESONDERE E-BIKES, RECHTZEITIG RESERVIEREN!

»Neapolitanische Technik« nannte der Soziologe Alfred Sohn-Rethel die kreative Fähigkeit der Süditaliener, technische Vorrichtungen zu einem anderen als dem ursprünglich vorgesehenen Zweck einzusetzen und etwa den Antrieb eines defekten Motorrads zum Sahneschlagen in einer *Latteria* zu benutzen. Wenn es um ihre Inselbahn ging, zeigten sich die Sylter ebenso erfindungsreich.

Später als anderswo verlegte man auf Sylt Eisenbahngleise, aber immerhin war List seit 1908 mit der Bahn zu erreichen. Diese wegen der Wanderdünen besonders schwierige Strecke erforderte von Anfang an einiges Improvisationstalent. Wenn wieder

einmal die Gleise mit Sand bedeckt waren, mussten Lokführer und Fahrgäste eben aussteigen und selbst zur Schaufel greifen. Bei Sturm blieb dem Lokführer manchmal nichts anderes übrig, als die Bahn zurückrollen zu lassen und neuen Anlauf zu nehmen. Sehr schnell fuhr die Inselbahn sowieso nie, weshalb die Passagiere informiert wurden: »Blumen pflücken während der Fahrt verboten.«

Nach dem Zweiten Weltkrieg funktionierte der »Dünenexpress« mit seinen veralteten Lokomotiven nicht mehr. Der neue Besitzer Ruy Prahl, ein in Portugal geborener Busunternehmer, hatte 1956 eine geniale Idee alla Napoletana: Er ließ Sattelschlepper der Firma Borgward für den Schienenbetrieb umbauen. Die ungewöhnlichen Fahrzeuge sahen aus wie Straßenbahnen mit dem Führerhäuschen eines Lastwagens. Weil sie leichter als die alten Loks waren, hatten sie einen kürzeren Bremsweg. Das sparte teure Signalsysteme, weshalb die so renovierte Inselbahn fortan ohne Schranken durch die Ortschaften zuckeln konnte. An manchen Stellen fuhr sie ganz nah an den Häusern vorbei, vor allem aber immer wieder durch spektakuläre Landschaft – Dünen zum Anfassen quasi. Die Touristen liebten die Bahn, die ohne Zuschlag eine Sightseeingtour in einem originellen Gefährt bot. Bis zu 1,3 Millionen Menschen pro Jahr nutzten diese Möglichkeit. Doch die wachsende Zahl der Feriengäste, die mit eigenem Auto anreisten, machte sie unrentabel, zumal Sylt damals wie die gesamte Bundesrepublik immer mehr auf Autoverkehr setzte. Am 29. Dezember 1970 unternahm die Inselbahn ihre letzte Fahrt. Die Schienen verkaufte man nach Westfalen, wo sie im Bergbau Verwendung fanden, über die originellen Loks freuten sich Eisenbahnmuseen. Auf Sylt selbst blieb keines dieser liebenswerten Gefährte.

An die alten Zeiten der Inselbahn erinnert nur eine kleine Installation auf dem Bahnhofsvorplatz von Westerland: ein Halteschild, ein paar Meter alte Gleise, vier Räder eines Waggons plus Gedenktafel. Doch für Fahrradfahrer und Spaziergänger entstand ein wunderbarer Lieblingsort: Die alten Bahntrassen verwandelte man in Wander- und Radwege. Eine besonders schöne Strecke führt abseits der Straße mit Blick auf die Wanderdünen durch Strandhafer- und Heidelandschaft von Kampen nach List. Langsamer als mit dem Dünenexpress ist man – zumindest mit E-Bike – auch nicht.

21

BUS 1 VOGELKOJE KLAPPHOLTTAL

Die Akademie am Meer

AKADEMIE AM MEER
KLAPPHOLTTAL
25992 LIST
WWW.AKADEMIE-AM-MEER.DE

Morgens ein Bad im Meer, danach Tai-Chi oder Yoga, tagsüber Fotografieren, Malen oder kreatives Schreiben, abends Lesungen, Vorträge oder Konzerte. All das nur einen Katzensprung entfernt von Kampen, direkt an einem der schönsten Strände der Westküste. Was nach dem neuesten Luxus-Wellnessressort für gestresste Gutverdiener klingt, ist eine der ältesten Volkshochschuleinrichtungen Schleswig-Holsteins, die selbst manche Sylter nicht kennen: die Akademie am Meer im Klappholttal.

Gegründet hat sie der Hamburger Arzt Knud Ahlborn vor über hundert Jahren. Als der überzeugte Anhänger der Jugend- und Wandervogelbewegung 1919

bei einer Fahrt mit der Inselbahn per Zufall entdeckte, dass in dem Dünengebiet mehrere Militärbaracken aus dem Ersten Weltkrieg zum Verkauf standen, griff er sofort zu. Das Klappholttal, in dem seit 1869 zum Schutz der Dünen windschiefe Krüppelkiefern (das sogenannte »Klappholz«) angepflanzt wurden, war eine malerische, wild anmutende einsame Landschaft, die Ahlborn besonders geeignet schien, die Ideen der Lebensreformbewegung zu verwirklichen: ein gesundes Leben in Gemeinschaft, ohne Nikotin und Alkohol, mit Sport, Gesprächen, Singen und anderen kulturellen Aktivitäten abseits der »dekadenten« Großstädte. Der junge Arzt ließ die hässlichen Gebäude farbig anstreichen, pflanzte überall Syltrosen und stattete die einfache Anlage mit Mehrbettunterkünften nach damaligen Maßstäben sehr modern aus. Für die Großküche schaffte er einen Dampfbackofen und eine »desinfizierende Geschirrspülmaschine« an, beide betrieben von einem eigenen kleinen Elektrizitätswerk.

Berühmt – und berüchtigt – wurde das Klappholttal zunächst aber aus anderen Gründen. Ahlborn führte das morgendliche »freikörperkulturelle Nacktbaden« ein, für das er 1927 sogar eine behördliche »Ausnahmegenehmigung« erhielt. Sylts erster legaler Nacktstrand führte zwar zu empörten Anfragen in der Hamburger Bürgerschaft, war aber Teil des außergewöhnlichen Erfolgs, den die Anlage in den 1920er Jahren vor allem bei jungen Menschen hatte.

An diese Erfolge konnten die Nationalsozialisten anknüpfen – Ahlborn blieb Leiter, selbst als die nationalsozialistischen Jugendorganisationen wie überall seit 1933 auch das Klappholttal okkupierten, die Hakenkreuzfahne aufzogen und täglich einen Fahnenappell durchführten. Nach dem Zweiten Weltkrieg führte Ahlborn die Einrichtung weiter, doch die alten Konzepte und eine merkwürdig programmatische Jugendlichkeit der inzwischen Älteren überzeugten immer weniger.

Erst ab 1971 änderte sich unter neuen Leitungen einiges. Zuerst der Name. Aus dem »Klappholttal« wurde die »Akademie am Meer«. Gebäude und Programm wurden modernisiert. Inzwischen stehen neben den Gemeinschaftsunterkünften kleine Häuschen (7 mal 2 Meter), alle sind mit neuester Energiespartechnik ausgerüstet. Immer noch wirkt die Anlage etwas spartanisch, dafür zahlt man jedoch moderate Preise. Viele Hamburger kommen jedes Jahr hierher zu Tangokursen, zu den beliebten vogelkundlichen Exkursionen im Frühjahr und Herbst oder zu Philosophieseminaren. Wer anderswo auf Sylt Ferien macht, kann an abendlichen Diskussionsveranstaltungen, Konzerten und Ausstellungen teilnehmen.

22

BUS 1 LIST HAFEN ODER DÜNENSTRASSE (SYLTER ROYAL AUSTERNSTUBE) ODER MELLHÖRN (LISTER AUSTERNPERLE)

Sylter Royal

SYLTER ROYAL AUSTERNSTUBE
HAFENSTRASSE 10-12
25992 LIST
SYLTER-ROYAL.DE

L. A. LISTER AUSTERNPERLE
MANNEMORSUMTAL 33C
25992 LIST
TEL. 04 561-2 999 396

TIPP

DAS ERLEBNISZENTRUM »NATURGEWALTEN« VERANSTALTET REGELMÄSSIG AUSTERNWANDERUNGEN
INFO: WWW.NATURGEWALTEN-SYLT.DE/VERANSTALTUNGEN/NATURKUNDLICHE-FUEHRUNGEN/AUSTERNWANDERUNG/

Als Fürst Oblonski in Tolstojs *Anna Karenina* seinen Schwager Lewin in das vornehme Moskauer Hotel »Anglija« einlädt, ordert er gleich drei Dutzend »Flensburgische«, frisch eingetroffene Austern, mit Silbergabeln auf feinstem Porzellan serviert, dazu Champagner. Gut möglich, dass die in der vornehmen Welt geschätzte Delikatesse aus Sylt stammte. Flensburger Kaufleute – daher der Name – hatten im 19. Jahrhundert alle Austernbänke im nordfriesischen Wattenmeer gepachtet, darunter die Höntjebank bei List, deren Austern als besonders wohlschmeckend galten und schon früh zu den begehrtesten Exportartikeln der Insel zählten.

Davon hatten die Sylter selbst allerdings nicht viel, nur die beschwerliche und schlecht bezahlte Arbeit in den Muschelbänken. Den Profit strichen andere ein. Zunächst die Landesherren, denn seit 1587 durften Austern nur gegen eine ständig steigende Pacht gefischt werden. 1795 bezahlte ein Pächter 7505 Taler an die dänische Krone, plus 80 Tonnen »Deputatsaustern« für den Kopenhagener Hof und 10 Tonnen für den Grafen zu Schackenborg in Mögeltondern. Leisten konnten sich diese Summen nur wohlhabende Kaufleute meist aus Hamburg oder Bremen. Von 1799 bis 1879 übernahmen dann Flensburger Pächtergemeinschaften die Aufsicht, brachten die »Flensburgischen« mit bis zu zehn Schiffen täglich in riesigen Mengen bis nach Russland – und wurden reich damit.

Einheimische durften noch nicht einmal für den Eigenbedarf Austern fischen, wie seit 1709 ein Erlass des dänischen Königs regelte – hohe Geldstrafen und sogar Gefängnis drohten. Erst als sich mehrere Sylter Kapitäne an den Flensburger Pachtgemeinschaften beteiligten, verdienten auch Insulaner an den Austern. Doch nicht lange, denn ab 1882 musste der Austernfang immer wieder ruhen, weil Überfischung, Pantoffelschnecken und Seesterne die Bestände vernichtet hatten. 1925 kam das endgültige Aus für

die kommerzielle Austernfischerei auf Sylt.
Alle Versuche danach, die heimische »ostrea edulis«, die europäische Auster, zu züchten, scheiterten. Inzwischen aber gelang es, eine andere robuste Art hier anzusiedeln: die »pazifische Felsenauster«, die sehr groß wird und schädlingsresistent ist. 1986 kaufte »Dittmeyer's Austern-Compagnie« die kommerziellen Rechte an der Zucht und bewirtschaftet seitdem mit großem Erfolg Deutschlands einzige Austernzucht mit fast 4000 Austernbänken in der Blidselbucht südlich von List.
Rund 800 000 Exemplare der neuen Sorte »Sylter Royal« verkauft man zurzeit im Jahr, viele werden exportiert. Heute aber wird der »Reichtum des Meeres«, wie C. P. Hansen Austern einmal nannte, gern auf der Insel selbst verzehrt. In der Lister Hafenstraße bietet das Dittmeyer-Bistro »Sylter Royal« Austern in allen möglichen Variationen an – z. B. mit Hollandaise oder in Pernodbutter. Sogar ein ganzes Austernmenü steht auf der Speisekarte. Doch am besten schmecken sie *natur* – nur mit einem Spritzer Zitrone. Die gibt es auch – direkt vom Züchter – im lässigen Strandbistro »Lister Austernperle« am südlichen Dorfende direkt an einem kleinen familiären Strand. Das Holzhaus auf Stelzen ist nicht sehr geräumig und erinnert drinnen an eine Hafenkneipe, draußen stehen einige Strandkörbe, Tische und Bänke auf der schmalen Terrasse. Die Speisekarte bietet neben den Austern solide Hausmannskost wie Pannfisch oder Labskaus. Anders als bei Tolstoi werden die edlen Meeresfrüchte nicht mit Silbergabeln kredenzt, aber auf Champagner und edle Weine muss hier niemand verzichten.

23

BUS 5 MÖVENBERGSTRASSE KURVERWALTUNG

Der Friedhof in den Dünen

DÜNENFRIEDHOF
FRIEDHOFSTRASSE
25992 LIST
WWW.ST-JUERGEN-LIST.DE

TIPP

VON SYLTER FREUNDEN:
RESTAURANT KÖNIGSHAFEN
ALTE DORFSTRASSE 1
25992 LIST
WWW.KOENIGSHAFEN.DE
KLASSISCHE NORDDEUTSCHE KÜCHE

Kein Dorf auf Sylt ist so geprägt von den Bauten der Nationalsozialisten wie List, das bereits in den 1930er Jahren als Garnisonsstandort ausgebaut wurde. Heute noch stehen hier ehemalige Kasernen, Lagerhallen und Wohngebäude wie das fast 500 Meter lange Reihenhaus in der Mövenbergstraße aus dem Jahr 1938: lauter durch niedrige Wirtschaftsgebäude miteinander verbundene Doppelhäuser aus rotem Klinker, die für Offiziere und ihre Familien bestimmt waren.

Ganz anders wirkt der kleine Friedhof aus derselben Zeit, zu dem eine schmale Stichstraße von der Mövenberg-Siedlung führt. Versteckt zwischen den

Dünen, ähnelt er mit seinen verschlungenen Pfaden, Blumenrabatten und schattigen Plätzen unter Bäumen eher einem Erholungspark – wären da nicht überall verteilt stehende Grabsteine, meist aus schlichtem Granit.

Doch der Geschichte kann man selbst an diesem idyllischen Ort nicht ausweichen. Die Helgoländer-Gräber etwa links am Eingang erinnern mit ihren kaum noch lesbaren Inschriften an die Folgen des deutschen Angriffs auf Großbritannien. Als die Briten drohten, als Revanche Helgoland zu sprengen, flohen viele Inselbewohner hierher. Die meisten kehrten zurück, sobald sie konnten, andere blieben bis an ihr Lebensende auf Sylt und wurden hier bestattet.

Das auffälligste Grabmal ist das des Flugpioniers Wolfgang von Gronau. Der hochdekorierte Offizier des Ersten Weltkriegs leitete seit Ende der 1920er Jahre die Verkehrsfliegerschule in List und wurde für seine waghalsigen Flüge berühmt: Gegen Anweisung des Verkehrsministeriums flog er in weniger als 45 Stunden nach New York, wo er sogar ins Weiße Haus eingeladen wurde. Darauf dankten ihm die strengen Vorgesetzten telegrafisch für »den guten Dienst«, den er »dem Ansehen unseres Volkes in der Welt« erwiesen habe. Da der Versailler Vertrag den Deutschen die militärische Luftfahrt verbot, passten Gronaus zivile Flüge gut in den Plan, Deutschlands Ansprüche als technische und politische Führungsmacht zu demonstrieren.

Als Nächstes gelang Gronau sogar eine Weltumrundung mit einem Flugboot. Bei seiner Rückkehr 1932 bereiteten ihm die Einwohner einen begeisterten Empfang, und die Gemeinde bedankte sich mit der Verleihung der Ehrenbürgerschaft und einer kostenlosen Grabstelle. Offiziell wird das Verhältnis des 1977 hier begrabenen Gronau zum Nationalsozialismus nicht thematisiert, obwohl er bereits 1933 Ministerialrat im Reichsluftfahrtministerium wurde und das

Dritte Reich ab 1939 als Luftattaché an der Deutschen Botschaft in Tokyo vertrat, wo er sogar zum Generalmajor befördert wurde.
Immerhin weist auf dem Dünenfriedhof nichts auf eine Heldenverehrung hin. Die Atmosphäre hier ist nicht militaristisch, und der Friedhof wirkt eher von heutigen Bedürfnissen bestimmt. So wurde eine kleine Trauerzone eingerichtet für alle, die keinen eigenen Ort für ihre Trauer haben, etwa wenn Angehörige im Meer bestattet wurden. Liebevoll pflegen Freiwillige den Friedhof, lassen dabei aber überall der Natur ihren Raum.
Nach dem Besuch hier ändert sich auch der Blick auf die Mövenberg-Siedlung. Erschien sie vorher einförmig, fallen jetzt die vielen schönen, individuell gestalteten Gärten auf. Mit Hortensien in allen Pink- und Lilatönen, Rosen vom zarten Pastell bis zum kräftigen Rot und dazwischen üppig duftenden Lavendelbüschen verleihen sie den einstigen Militärbauten fast südlichen Charme.

BUS 1 LIST HAFEN

Naturgewalten erleben

ERLEBNISZENTRUM NATURGEWALTEN SYLT
HAFENSTRASSE 27
25992 LIST
WWW.NATURGEWALTEN-SYLT.DE

Die meisten reisen nach Sylt, weil sie die raue Natur des Nordens lieben, der die Insel ihre Entstehung und ihre heutige Form verdankt. Diese besondere Natur entfaltet selbst im Hochsommer ungeahnte Kräfte, wenn der Sturm einen fast umbläst, die hohe Brandung das Baden unmöglich macht und heftige Regenschauer einen im Nu durchnässen. Dann schlägt die Stunde des »Erlebniszentrums Naturgewalten« am Hafen von List, wo dem Thema ein ganzes Museum gewidmet ist. Bei »Schietwetter« ein wunderbarer Ort für die ganze Familie.

Die Idee stammt von Matthias Strasser, der 1995 auf Sylt seine Diplomarbeit in Meeresbiologie

schrieb und seine Faszination für die Sylter Natur auch anderen vermitteln wollte. Den Namen fand er schnell, die Suche nach Geldmitteln und Förderer hingegen dauerte Jahre, selbst nachdem er Jürgen Gosch als ersten großzügigen Spender gewonnen hatte. 2009 wurde das Erlebniszentrum eröffnet und gehört seitdem zu den Orten auf der Insel, die man mindestens einmal besucht haben sollte.

Anders als in anderen Museen setzt man hier nicht so sehr auf Schautafeln und belehrende Texte. Stattdessen kann man die Natur erforschen und auf unterschiedliche Arten erleben. Oder sie einfach betrachten, zum Beispiel in einem Außenbecken. Nach und nach entdecken wir im trüben Wasser eine lebendige Meereswelt vom Japanischen Krebs (der mit der pazifischen Auster aus Japans Meeren eingewandert ist) über Muscheln, Seesterne und korallenartige Pflanzen bis zu Quallen – beim Baden ein Ärgernis, hier aber in ihrer ganz eigenen zarten Schönheit durch das Wasser schwebend. Wer nicht nur schauen, sondern Zusammenhänge begreifen will, kann in einem »Wattlabor« unter Anleitung eines Mitarbeiters eigene Versuche anstellen.

Als neues Highlight wird 2021 ein 360-Grad-Kino unter einer Kuppel eröffnet, das den Besuchern das Gefühl verschaffen soll, sie stünden mitten in der (gefilmten) Natur. Reizvoll auch eine andere Art der Virtual Reality, durch die wir Sylt aus ungewohnter Perspektive betrachten können. Mit einer 3-D-Brille fliegen wir wie mit einem Heißluftballon über die Insel, sehen Dünen, Watt und Wellen von oben. Zwischendurch landen wir vielleicht für eine kurze Stippvisite im Denghoog oder im Keitumer Museum und holen uns Anregungen für Ausflüge in der Realität, bevor wir uns wieder virtuell in die Lüfte erheben und Sylts Natur von oben genießen. Langweilig wird es in dem neugestalteten »Erlebniszentrum Naturgewalten« auch in Zukunft nicht.

25

BUS 5 MÖVENBERGSTRASSE

Wanderdünen

SPAZIERWEG ZU DEN WANDERDÜNEN: DIE MÖVENBERGSTRASSE BIS ZUM ENDE DER SIEDLUNG, DANN LINKS DEM PFAD RICHTUNG JUGENDHERBERGE FOLGEN. DIE VORGESCHRIEBENEN WEGE BITTE NICHT VERLASSEN!

TICKETS FÜR DIE WANDERDÜNENFÜHRUNG: WWW.LIST.DE
INFOS: WWW.NATURGEWALTEN-SYLT.DE

Gerhart Hauptmann glaubte, auf den »Gletschern eines Hochgebirges« zu wandeln, Thomas Mann fühlte sich wie »in der Sahara«. Aber auch weniger phantasiebegabte Reisende berührte diese merkwürdig-wilde Landschaft im Norden der Insel. Das Listland mit seinen Wanderdünen übte seit je eine große Faszination vor allem auf Großstädter aus. Die Sylter hingegen fanden das Gebiet karg, unheimlich und unbrauchbar: Unfruchtbares Land, dazu der ganze Sand, der sich ständig bewegte und immer wieder drohte, alles unter sich zu begraben.

Die drei Wanderdünen sind die letzten ihrer Art an der deutschen Nordseeküste. Eigentlich gehö-

ren sie zu jedem Dünengebiet, denn Dünen wollen wandern, zumindest, solange sie noch ohne festen Bewuchs sind. Dünen entstehen, indem der Wind den lockeren Sand vom Strand landeinwärts trägt. Dort lagert sich der Sand an Hindernissen ab und bildet Verwerfungen. Zahlreiche Faktoren wie die veränderlichen Meeresströmungen, wechselnde Windrichtungen, Regen oder Sturm sorgen für die Entstehung vieler verschiedener Dünenformen. Auf einigen siedeln sich nach und nach genügsame Pflanzen wie Sandsegge oder Strandhafer an und befestigen sie mit ihren weitverzweigten Wurzelwerken. Andere Dünen bewegen sich bei den nächsten Stürmen weiter. Jahrhundertelang bestanden der Süden und der Norden Sylts aus solchen Wanderdünen, bis die Menschen Ende des 19. Jahrhunderts begannen, sie überall künstlich zu befestigen und durch Anpflanzungen von Strandhafer festzuhalten. Nur in dem seit 1923 bestehenden Naturschutzgebiet in List werden die Wanderdünen weitgehend sich selbst überlassen und wandern, je nachdem, wie stark der Westwind bläst, bis zu zehn Meter pro Jahr.

Man kann das Gebiet auf eigene Faust erkunden, am besten frühmorgens, wenn noch keine Wandergruppen unterwegs sind. Von der Mövenbergstraße am westlichen Ortsrand von List geht es auf hölzernen Stegen und Kieswegen bis zu einem Ausguck, der sich wie ein Balkon über das Gelände erhebt. Von hier aus hat man einen schönen Blick auf die Wanderdünen in der Ferne, die sich durch hell leuchtende Sandflächen vom Dunkel ihrer Umgebung abheben. Beim Weitergehen auf der kleinen Schotterstraße in Richtung Weststrand erstaunt, wie bunt die unwirtliche Landschaft dann doch ist. Diese Farben erzählen die Geschichte der Dünen. An der Küste liegen die bis zu hundert Jahre alten Weißdünen, die nur dünn mit Strandhafer, Stranddistel, Binsenquecke und Salzmiere bewachsen sind. Landeinwärts erstrecken sich die Graudünen mit Silbergras, Moosen, Flechten und Kriechweiden. Die ältesten Dünen sind die Braundünen mit festem Bewuchs aus Krähen-, Moos- und Rauschbeere und knorriger Besenheide. Je nach Wetter und Jahreszeit variieren die Eindrücke. Im Herbst und Winter, wenn der Nebel in den Dünen hängt, kann es einem vorkommen wie auf Island, im Sommer aber trifft man in windgeschützten Senken manchmal auf einen Schwall warmer, trockener Luft, der an die mediterrane Macchia erinnert.

Noch eindrucksvoller ist ein vom Naturgewalten-Zentrum in List angebotener Spaziergang durch die Wanderdünen. Die Plätze sind rar, aber mit etwas Glück darf man dann unter kundiger Führung durch das Land auf einem schmalen Pfad abseits der offiziellen Wege bis fast an den Fuß der größten Wanderdüne. Hier zu stehen ist ein wirklich erhabenes Gefühl.

BUS 1 DÜNENSTRASSE

Die Sylter Eismanufaktur

SYLTER EISMANUFAKTUR
DÜNENSTRASSE 3
25992 LIST
WWW.SYLTER-EISMANUFAKTUR.DE

TIPP

SYLTER MEERSALZ MANUFAKTUR
IN DER SYLTER GENUSSMACHEREI
HAFENSTRASSE 2
25992 LIST

LECKERE SUPPEN »TO GO«
GLEICH NEBENAN BEI
SYLTER SUPPEN
DÜNENSTRASSE 1
25992 LIST
SYLTER-SUPPEN.DE

Nach der Devise »Grundsätzlich kann man aus allen Zutaten Eis machen« und – so könnte man ergänzen – »Eis geht grundsätzlich immer und überall« eröffnete Detlef Fügeisen seinen Eisladen ausgerechnet im nördlichsten Ort Deutschlands, wo es oft regnet und stürmt: in List. Doch die mutige Entscheidung des ehemaligen Bankkaufmanns aus dem Ruhrgebiet hat sich gelohnt. Schon bald nach Eröffnung seiner Sylter Eismanufaktur 2013 schaffte es sein *Gelato* auf vordere Plätze bei deutschlandweiten Rankings.

Das Geheimnis seines Erfolges liegt darin, dass der Eis-Unternehmer sein eigenes Motto nicht allzu dogmatisch verfolgt. Zwar

gibt es auch exotische Sorten wie Lakritzschokolade, aber es überwiegen klassisch-moderne Kombinationen mit Sylter Twist. Denn am liebsten sind dem Eismacher Zutaten aus der Nachbarschaft. Die Milch stammt aus der einzigen Molkerei der Insel in Morsum, und das beliebte »Meersalz-Quark-Karamell-Eis« wird mit Nordseesalz aus der Lister »Meersalz Manufaktur« veredelt. Täglich produziert man nur zwölf Sorten, von Vanille- oder Haselnuss bis zu Limette-Balsamico-Eis. Ganz hervorragend schmecken die Sorbets – manche werden nur während einer kurzen Saison angeboten, z.B. Fliederbeeren aus Wenningstedt. Fügeisen hat in wenigen Jahren ein hervorragendes Netz von örtlichen Lieferanten aufgebaut, und umgekehrt beliefert er selbst inzwischen Restaurants bis nach Hörnum.

Untergebracht ist die Sylter Eismanufaktur in einem edlen strahlend weißen Reetdachhaus am Ortseingang von List, weit entfernt vom kulinarisch-touristischen Zentrum am Hafen. Doch mittlerweile hat sich auch hier eine Art Treffpunkt entwickelt. Überall sitzen und stehen Menschen mit Eiswaffeln oder -bechern, geduldig warten viele sogar bei schlechtem Wetter vor der im skandinavischen Stil eingerichteten Eisdiele, die sich zu einem Ort mit eigenem Flair gemausert hat. Offenbar passen Norden und Eiscreme doch gut zusammen.

27

BUS 1 LIST HAFEN, DANN BUS 5 WESTSTRAND

Spaziergang am Ellenbogen

Eine der einsamsten Gegenden Sylts liegt im äußersten Norden auf dem Ellenbogen, einer eigentümlich geformten Halbinsel. Wenige Häuser, kein Café, kein Supermarkt, nur eine weite Landschaft mit Wiesen, Schafen, Dünen und einem wilden Strand. Bei Sonnenschein leuchtet dort das Wasser wie das Mittelmeer in verschiedenen Farben, vom zarten Grün am Ufer bis zum tiefen Blau weiter draußen vor der Silhouette der dänischen Insel Rømø. Doch man sollte sich nicht täuschen lassen. Da hier Wattenmeer und offene Nordsee aufeinandertreffen, gibt es heftige Wirbel und lebensgefährliche Tiefenströmungen. Deshalb – und wegen der vielen

bizarr geformten rostigen alten Buhnen – ist das Baden überall verboten. Doch zum Spazierengehen ist die Nordküste der Insel wunderbar geeignet.

Autofahrer müssen allerdings für die Benutzung der schmalen Straße, die hierherführt, eine Maut bezahlen, weil sich das Land in Privateigentum befindet und die Eigentümer für die Instandhaltung der Straße aufkommen müssen. Die Gründe dafür liegen in der Vergangenheit der Insel. Die Dänen hatten hier bereits im Mittelalter einen eigenen Hafen zum Schutz ihrer Seehandelswege errichtet. Gegen eine Abgabe durften die Kampener das umliegende Land damals als Weidegrund nutzen. Häufig aber nahmen sie auch das Strandgut hier verunglückter Schiffe an sich. Um darüber selbst die Kontrolle zu erlangen, vermachte der dänische König das gesamte Land einem treuen Bürger. Der teilte es im Jahr 1608. Der eine Besitzer baute seinen Hof im Westen, der andere im Osten. Der vielköpfigen, verwandtschaftlich verbundenen Erbengemeinschaft vom Osthof und vom ehemaligen Westhof (er wurde 1955 abgerissen) gehört das Gebiet noch immer. Allerdings können die Besitzer nicht frei darüber verfügen, sie dürfen das Land z. B. nicht verkaufen oder bebauen, da es seit 1923 unter Naturschutz steht.

Für Spaziergänge am Wasser bieten sich mehrere Möglichkeiten an. Uns gefiel besonders ein Rundweg um die Ellenbogensitze herum. Dazu parkt man auf dem 4. Parkplatz der Mautstraße von der Zahlstation aus, erkennbar am Container der Kite- und Surfschule Sylt. Von dort führt ein schmaler Dünenpfad zum Strandübergang 10, dann geht es rechts Richtung Osten immer am Ufer entlang bis zum äußersten Ende der Halbinsel und auf der Wattseite am Königshafen wieder zurück. Unbedingt zu empfehlen ist ein Halt an der Ellenbogenspitze. Hier, wo Nordsee und Wattenmeer aufeinandertreffen, strömen mit jeder Tide 500 Millionen Kubikmeter Wasser hin und her und bilden heftige Strudel. Mit etwas Glück kann man Seehunde oder Robben beobachten.

Der Rückweg auf der Südseite der Halbinsel bietet schöne Blicke auf den Königshafen, eine flache Bucht zwischen Ellenbogen und List, die seit 1985 zum Nationalpark Schleswig-Holsteinisches Wattenmeer gehört. Am westlichen Ausgang der Bucht dürfen Surfer und Kitesurfer ihren Sport ausüben, der Rest (einschließlich der Vogelschutzinsel Uthörn) ist streng geschütztes Naturschutzgebiet.

Zum Abschluss des Besuches lohnt unbedingt ein Stopp am Ellenbogenberg beim Parkplatz Weststrand / Strandhalle. Zwar ist der Aussichtspunkt nur 26 Meter hoch, er bietet dennoch einen großartigen Blick über das gesamte Ellenbogengebiet bis nach Dänemark.

Braderup und Munkmarsch

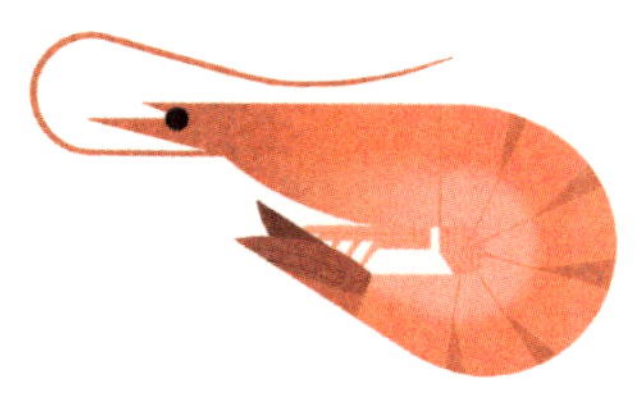

BUS 3 BRADERUP

Die Braderuper Heide

NATURZENTRUM BRADERUP
M.-T.-BUCHHOLZ-STICH 10A
25996 BRADERUP
WWW.NATURSCHUTZ-SYLT.DE
VON APRIL BIS OKTOBER

TIPP

ERDBEEREN, KARTOFFELN, TOMATEN
UND MEHR AUS DEM
HOFLADEN ERDBEERPARADIES
TERPHAI 17
25966 BRADERUP
WWW.ERDBEERPARADIES-SYLT.DE

Flirrende Mittagshitze liegt an diesem Julitag über dem hügeligen Gelände, zartrosa schimmert die aufblühende Heide, hier und dort ragen eine Silberpappel oder eine windschiefe Kiefer heraus. Am Horizont glitzert das Wattenmeer. Wir treffen kaum Spaziergänger, nur das *Kiwivkiwiv* eines Kiebitzes unterbricht die Stille.

Die Braderuper Heide wirkt wie eine archaische Landschaft, entstand aber erst durch menschlichen Einfluss. Einst befanden sich hier Wälder, die von den Menschen im Mittelalter abgeholzt wurden. Zurück blieb ein unfruchtbarer Boden, auf dem nur Heidepflanzen wuchsen.

Doch seit je hat diese karge Land-

schaft die Phantasie der Menschen angeregt und spielte in der Sylter Sagenwelt eine große Rolle. Hier sollen die großen Kämpfe zwischen den Ureinwohnern Sylts, den Zwergen, und den Friesen stattgefunden haben, die die Insel erobern wollten. Nachdem es trotz großer Tapferkeit verloren hatte, wurde das Volk der Zwerge aus den fruchtbaren Gebieten vertrieben und musste mit der ärmlichen Braderuper Heide vorliebnehmen. Eigentlich waren die kleinen Wesen »allezeit fröhlich«, feierten viel und arbeiteten wenig, den Friesen aber verziehen sie nicht. Sie rächten sich an ihnen, wo sie nur konnten, tranken heimlich deren Milch, raubten Brot und Bier, und tauschten sogar deren ungetaufte Babys gegen ihre eigenen schwarzhaarig-hässlichen Kinder. Nur einige Zwerge, die Puken, kleine Männchen mit kurzen krummen Beinen und riesigen Augen, schlossen Frieden mit den Friesen. Die wohltätigen Hausgeister wohnten sogar bei den ehemaligen Feinden. Stellte man ihnen abends eine Schale Grütze (unbedingt mit Butter) hin, putzten sie nachts das Haus. Allerdings waren sie launisch und leicht zu kränken. Hatte man sie beleidigt, konnten auch sie sehr boshaft werden und heimtückische Streiche spielen.

An das sagenhafte Zwergenvolk erinnern heute nur noch die alten Geschichten oder Sprichwörter wie »Grütze und Butter ist Zwergenfutter«. Die Braderuper Heide aber ist seit 1979 Naturschutzgebiet mit wunderschönen Wanderwegen und einer unglaublichen Artenvielfalt: 2500 Tier- und 150 Pflanzenarten zählt man hier, darunter viele, die auf der Roten Liste stehen wie Geflecktes Knabenkraut und Arnika. Allein 84 Spinnenarten und über 200 verschiedene Käfer leben in dem 137 Quadratmeter großen Gebiet, dazu 40 Brutvogelarten wie Kiebitz, Brandgans, Säbelschnäbler, Sandregenpfeifer und Rotschenkel. Über all das informiert anschaulich das kleine Naturzentrum Braderup, das gut für einen Besuch mit Kindern geeignet ist.

29

BUS 3 KEITUM KIRCHE

Die Lügenbrücke in der Jückersmarsch

Direkt vom Kirchhof von St. Severin in Keitum aus führt ein schmaler Weg zum Watt hinunter: Zuerst geht es durch ein schattiges Wäldchen, das der ehemalige Organist der Kirche, Willy Borstelmann, 1957 angepflanzt und nach mehreren Sturmschäden 2004 durch junge Bäume ergänzt hat. Biegt man nach links ab, steht dort eine hölzerne Bank mit einem schönen Blick aufs Watt, gut geeignet für ein Picknick. Wir aber laufen weiter Richtung Norden und stehen bald in freier Landschaft. Nur ganz von fern ist das Rauschen von Autos zu hören, während wir uns nahe am Watt zwischen Schilf, Gräsern und Kartoffelrosen bewegen.

TIPP

UNBEDINGT LESENSWERT:
DANIEL IHONOR
MUNKMARSCH. HISTORISCHER VERKEHRS-KNOTENPUNKT DER INSEL SYLT
HUSUM 2020
ERHÄLTLICH Z. B. IM SYLT-MUSEUM KEITUM

Wie aus dem Nichts taucht dann eine dunkle Holzbrücke mitten in den Wiesen auf. Sie überquert einen mäandernden Priel, der auch bei Ebbe Wasser führt. Ihr eleganter Schwung hat Sylt-Kenner wie Hermann Schreiber zum Schwärmen gebracht, der sie sogar mit Venedigs Rialtobrücke verglich. Viele Insulaner aber erinnerte die Brücke an anderes, seit alters heißt sie »Lügenbrücke«. Früher drohten Eltern ihren Kindern damit, dass die Brücke unter ihnen zusammenbrechen würde, wenn sie gelogen hätten. Die jetzige Brücke wirkt neu und ausgesprochen stabil, wird aber im Volksmund immer noch mit ihrem Spitznamen genannt. Waren die Vorgängerbauten so unsicher? Verbürgt ist, dass die Holzstege in alten Zeiten häufig von Sturmfluten zerstört wurden. Immer aber wurden sie wieder aufgebaut, weil die Bewohner von Keitum und Munkmarsch sie auf ihrem Arbeitsweg und zum Transport von Waren brauchten.

Heute ist die Brücke Bestandteil eines idyllischen Spazierwegs zwischen beiden Ortschaften, teils auf Holzbohlen, teils im Sand, teils durch Wiesen am Wattenmeer entlang. Es geht durch altes Ackerland, erst die Jückers- und dann die Munkmarsch, die einst den Mönchen des St.-Knuts-Klosters im dänischen Odense gehörte – daher der Name (Munkmērsk = Marsch der Mönche).

Wirtschaftliche Bedeutung erlangte der kleine Ort Munkmarsch 1744 durch den Bau der ersten Sylter Graupenmühle. Bis Norwegen lieferte die Mühle Mehl und machte ihre Besitzer sehr wohlhabend. Von diesem Reichtum erzählt noch heute der ausladende »Müllerstuhl« in St. Severin, der dem reichsten Bürger der Gemeinde zustand. 1769 hatte ihn der Munkmarscher Müller Nickels Jensen in der Kirche als ständigen Sitzplatz für seine Familie aufstellen lassen.

Anfang des 20. Jahrhunderts wurde die Mühle abgerissen. An das einstige weithin sichtbare Wahrzeichen erinnert nur noch das Café »Zur Mühle« am Ortsrand von Munkmarsch. Beliebt bei Einheimischen, ist es mit seinem herrlichen Blick über Wiesen, Watt und den kleinen Hafen ein passendes Ziel für unseren Spaziergang.

Keitum

BUS 3 KEITUM KIRCHE

Die Kirche St. Severin

ST. SEVERIN
MUNKMARSCHER CHAUSSEE
25980 KEITUM
WWW.ST-SEVERIN.DE

Einsam erhebt sich die Keitumer Kirche St. Severin an der höchsten Stelle der Geest, wo vor Urzeiten ein Heiligtum für Freia, die Göttin der Fruchtbarkeit, gestanden haben soll. Lange hingen die Insulaner an ihren heidnischen Bräuchen, später als anderswo setzte sich hier das Christentum durch. Die ersten Kirchen auf Sylt sind seit Beginn des 13. Jahrhunderts verbürgt. St. Severin ist die älteste; neue Untersuchungen haben gezeigt, dass Teile des Dachstuhls von Chor und Apsis bereits aus dem Jahr 1194 stammen. Erstmals urkundlich erwähnt wurde die Kirche 1240. Doch mit ihrem Bau waren die heidnischen Götter längst nicht vertrieben. Als

schwere Zeiten folgten – 1350 entvölkerte die Pest die Insel und 1362 kostete die »Große Mandränke« viele Menschenleben –, verwaiste das Gotteshaus. Deshalb schickte Rom Missionare aus dem Erzbistum Köln, die die sperrigen Sylter endgültig vom christlichen Glauben überzeugen sollten. Ein Zeichen ihres erfolgreichen Wirkens ist der für den Norden ungewöhnliche Name der Kirche: St. Severin war wichtigster Ortsheiliger Kölns.

Um 1450 erst wurde der imposante Kirchturm errichtet. Der Glockenturm trägt die Handschrift des Nordens, denn er fungierte als Seezeichen, an dem sich die Schiffsleute bei Tageslicht orientieren konnten. Diese Funktion bestimmte seine bauliche Form. Statt eines Rundturms errichtete man einen eckigen Turm mit Satteldach. Die spitze Giebelfront zeigte dem Seemann an, dass sein Schiff sich im Westen oder Osten der Insel befand. Sah der Kapitän hingegen aus der Ferne die Schindeln des Turmdaches blinken, lag das Schiff südlich oder nördlich von Keitum.

Auch in der aus verschiedenen Epochen stammenden Innenausstattung hinterließ die Seefahrt ihre Spuren. Die auffällig kostbaren Messingleuchter aus den Niederlanden wurden um 1700 von wohlhabenden Keitumer Kapitänen gestiftet. Wie andere norddeutsche Kirchen präsentiert sich St. Severin ansonsten schlicht – die Wände weiß, Bänke und Galerien in zartem Hellgrün. Die Decke hingegen ist mit Sternzeichen der nördlichen Hemisphäre bemalt. Als vormals wichtigste Orientierungszeichen für die Seeleute der Nordmeere verweisen sie auf die große Keitumer Seefahrertradition.

Gemalt hat sie 1913 Franz Korwan (1865–1942), ein zum christlichen Glauben konvertierter jüdischer Künstler, der seit 1890 auf Sylt lebte. Maler, Restaurator, Leiter der Sparkasse und Kommunalpolitiker in Westerland – er war ein Mann mit vielfältigen Begabungen. Nicht zuletzt seinem Engagement war es zu verdanken, dass Westerland 1905 das Stadtrecht verliehen wurde. Korwan muss gut integriert und angesehen gewesen sein, sonst hätte man ihm nicht die Restaurierung der wichtigsten Kirche Sylts anvertraut. Doch nach dem Wahlsieg der Nationalsozialisten 1933 fühlte er sich auf der Insel nicht mehr sicher und verließ 1937 mit über 70 Jahren »schweren Herzens« seine zweite Heimat. 1940 wurde er in Baden-Baden verhaftet und 1942 im Internierungslager Noé ermordet. An ihn erinnern zwei Stolpersteine – in der Westerländer Strandstraße 12, seinem ehemaligen Atelier, und vor seinem einstigen Wohnhaus im Alten Kirchenweg 13 in Keitum. Wie sehr dieser zugezogene Künstler der Insel verbunden war und ihre Traditionen verstand – auch daran erinnert uns heute die Kirchendecke in St. Severin.

31

BUS 3 KEITUM KIRCHE

Die Keitumer Orgel und die Mittwochskonzerte

KEITUMER MITTWOCHSKONZERTE
ST. SEVERIN
MUNKMARSCHER CHAUSSEE
25980 KEITUM

KARTEN ERHÄLTLICH BEI ALLEN VORVERKAUFSSTELLEN, KURVERWALTUNGEN UND TOURISMUS-INFORMATIONEN
ONLINE-RESERVIERUNG:
WWW.TICKETS.VIBUS.DE,
STICHWORT: MITTWOCHSKONZERTE

Schon früh entwickelte sich im Norden eine einzigartige Kirchenmusik- und Orgelkultur. Pellworm verfügte seit 1525 über eine Orgel, die 1711 durch ein Arp-Schnitger-Instrument ersetzt wurde, die Nachbarinsel Föhr besaß seit dem 17. Jahrhundert eine Orgel. Nur Sylt hatte keine. Das lag vor allem am Geld – Anschaffung und Wartung der Instrumente waren sehr teuer. Deshalb konnte sich Orgelmusik an den Küsten nur entwickeln, wo fruchtbarer Marschboden die Bauern reich gemacht hatte. Sylt hingegen war damals bitterarm.

Erst im Jahr 1787 erhielt St. Severin in Keitum »das Geschenk einer großen 17 Stimmen zäh-

lenden, wohlklingenden Orgel, welches der wohldenkende und wohlhabende (...) Schiffscapitain Friedrich Frödden der Kirche zu Keitum im Jahr 1787 machte. Es war die erste Orgel, welche man je auf Sylt gehört hatte, daher die Wirkung eine ähnliche, wie die, welche Prometheus (...) vor den zankenden Griechen (...) hervorbrachte«, schwärmte C.P. Hansen in seiner *Chronik der friesischen Uthlande*, wobei er vor lauter Begeisterung Prometheus mit Orpheus verwechselte, dessen Gesang sogar das Meer besänftigte.

Diese Orgel überstand Sturmfluten und andere Katastrophen, nach dem Zweiten Weltkrieg war sie allerdings in miserablem Zustand. Keine gute Voraussetzung für Wilhelm Borstelmann beim Antritt seines neuen Nebenamts als Organist im Herbst 1952. Denn in der Nachkriegszeit fehlte der Gemeinde das Geld. Da hatte der junge Landwirt eine gute Idee: Warum nicht durch Abendkonzerte in der Kirche Spenden für die Orgel ›einspielen‹? Die erste Abendmusik fand im Sommer 1954 statt, bald wurde regelmäßig in St. Severin musiziert – und regelmäßig gespendet. Mit diesen Einnahmen, einer großzügigen Gabe des damaligen Pastors, Zuschüssen der Landeskirche und einem Darlehen kamen die nötigen 20 000 DM innerhalb weniger Jahre zusammen. Bei der Restaurierung

orientierte man sich an der barocken Orgel von 1787 und erweiterte sie vorsichtig. Am 1. Advent 1959 erklang das restaurierte Instrument erstmals wieder im Gottesdienst.
Die beliebten Konzerte aber fanden weiterhin jeden Mittwoch in der Kirche statt, allein während der Organistentätigkeit Borstelmanns bis 1992 wirkten über 350 Musiker mit, darunter bekannte Künstler aus dem In- und Ausland, sogar aus der damaligen DDR, wie der Trompeter Ludwig Güttler, der seit 1978 regelmäßig in St. Severin gastierte.
Inzwischen befindet sich die historische Orgel nicht mehr in Keitum. Anfang der 1990er Jahre spendete ein Kaufmann mit Sylter Zweitwohnsitz der Kirche eine Million Mark für eine neue Orgel, als die alte wieder einmal reparaturbedürftig war. Viel Geld, für das der renommierte schwäbische Orgelbauer Konrad Mühleisen ein mächtiges Instrument schuf, das die Kirche fast zu sprengen scheint. Mit 4000 Pfeifen und 46 Registern ist sie die größte Kirchenorgel Nordfrieslands. Um die alte Keitumer Orgel zu hören, muss man nach Polen fahren, sie wurde an die Stanislaus-Kirche in Posnan verschenkt.
Die Mittwochskonzerte sind bis heute ein großer Erfolg. Mit ihnen hat Willy Borstelmann eine musikalische Tradition begründet, die aus dem Kulturleben Sylts nicht mehr wegzudenken ist. Programme und Orgelklang mögen sich verändert haben, aber die Kirchenkonzerte in St. Severin sind nach wie vor ein Erlebnis, besonders in den Wintermonaten. Kerzenlicht und Kälte erinnern uns an die Unbequemlichkeiten früherer Zeiten. Wenn dann die ersten Töne erklingen, können wir uns vielleicht ausmalen, wie es für die Sylter gewesen sein mag, als zum ersten Mal auf der Insel Orgelmusik erklang.

BUS 3 KEITUM KIRCHE

Der Friedhof am Meer

Wie viele prominente Sylt-Liebhaber wollte auch der Hamburger Publizist Fritz. J. Raddatz auf dem Friedhof am Meer in Keitum begraben werden. Doch keine der frei gewordenen Grabstätten taugte ihm. Die eine war ihm »zu laut«, bei einer anderen fehlte ihm der »Wattblick«, woraufhin der Friedhofswärter entgegnete: »Und das Watt sehn Sie dann auch nich mehr.« »Ich nicht, aber meine Gäste schon«, antwortete Raddatz – und hatte schon die intellektuelle Prominenz von Alberto Moravia bis Susan Sontag vor Augen, die dereinst zu seinem Grab auf der Insel pilgern würde, wie er selbstironisch in seinem Buch *Mein Sylt* schildert.

FRIEDHOF AM MEER
MUNKMARSCHER CHAUSSEE
25980 KEITUM
EINGANG NEBEN DER KIRCHE ST. SEVERIN

Ursprünglich war der Friedhof bei der Kirche St. Severin die Begräbnisstätte für die Bewohner von Keitum, Munkmarsch, Tinnum, Archsum, Wenningstedt, Braderup und List. Die ältesten Grabsteine stammen aus dem 17. Jahrhundert und weisen meist nur Initialen und Todesdatum der Verstorbenen aus. Mit filigranen Ornamenten und feinen Reliefs (oft von Segelschiffen) sind die sogenannten »Sprechenden Gräber« von wohlhabenden Keitumer Familien aus dem 18. und 19. Jahrhundert viel kunstvoller. Inschriften erzählen auf eindrückliche Weise die Geschichte der Verstorbenen, darunter viele Seefahrer und Kapitäne. Sie berichten von heldenhaften Walfängern und treuen Ehefrauen ebenso wie von tragischen Schicksalsschlägen wie dem frühen Tod eines Hans Teunis, der mit 16 Jahren starb.

Während man diesen Gräbern den Willen zur Repräsentation und zur Ausstellung des eigenen Wohlstands ansieht, wirken die meisten neueren Grabsteine schlicht. Statt teurem und aufwändig bearbeitetem Marmor sieht man Findlinge und andere Natursteine. Manche erinnern mit besonders originellen Inschriften an die Verstorbenen. Andere sind betont zurückhaltend und verzeichnen nur Namen und Lebensdaten wie die Grabstätten der beiden bekanntesten Toten, Peter Suhrkamp

(1891–1959) und Rudolf Augstein (1923–2002).
Fritz J. Raddatz konnte schließlich doch einen Begräbnisplatz erwerben, der ihm gefiel – lange vor seinem Tod im Jahr 2015. Eingefasst in alten Hecken steht dort ein ebenfalls bescheidener, leicht rosa glitzernder Feldstein aus Granit. Damit beeindruckte der Autor zwar weder Alberto Moravia noch Susan Sontag, die lange vor ihm verstarben. Aber Besucher wie wir sind doch ganz angerührt davon, wie diskret sich selbst die Prominentengräber in die besondere Atmosphäre dieses Friedhofs am Meer einfügen.

BUS 3 KEITUM KIRCHE

Weinberge

WEINGUT BALTHASAR RESS
MUNKMARSCHER CHAUSSEE
25980 KEITUM
WWW.BALTHASAR-RESS.DE/WEINLAGEN/
SYLT-KEITUM

Ein Weinberg auf Sylt? Das kann ja wohl nicht wahr sein! Doch tatsächlich gibt es nicht nur einen, sondern sogar zwei Weinberge, die beide nah beieinanderliegen, links und rechts der Munkmarscher Chaussee in der Nähe der Keitumer Kirche. Wein*berge* ist allerdings eine etwas kühne Formulierung, Wein*felder* wäre zutreffender. Aber auf diesen Feldern wächst wirklich Wein, wovon man sich mit eigenen Augen überzeugen kann.
Des Öfteren sind wir hier schon auf dem Weg von Keitum nach St. Severin mit dem Fahrrad vorbeigefahren, und nie ist uns etwas Besonderes aufgefallen. Nun aber halten wir an, um nachzusehen, was sich hinter der Hecke

verbirgt, die rechts von der Straße aus kurz vor der Kirche zu sehen ist. Und schon stehen wir vor einem wohlgepflegten Acker mit Reben in langen, akkuraten Reihen, die zum Weingut von Balthasar Ress aus dem Rheingau gehören, das hier seit 2009 Wein anbaut.
Im Wettstreit um den Titel ›nördlichster Weinberg Deutschlands‹ hat allerdings der andere Weinberg auf der gegenüberliegenden Seite der Munkmarscher Chaussee knapp die Nase vorn, weil er ein paar Breitengrad-Sekunden weiter nördlich liegt. Dieser Weinberg wird von drei Syltern betrieben, einem Biobauern, einer Sommelière und einem Architekten. Beide Weinberge profitieren aber gleichermaßen von der Lage. Sylt – wer hätte das gedacht? – hat mehr Sonnenstunden als der Rheingau, und das nahe Wattenmeer bietet offenbar günstige klimatische Bedingungen.
Auf dem Feld von Ress kann man einen Rebstock pachten und sich so selbst als Weinbesitzer fühlen. Die Reben auf dem Feld tragen Namensschilder, denen man etwa entnehmen kann, dass einer der Rebstöcke »Schatzi« gehört. Wir würden aber lieber wissen, wie der hier gewachsene Wein schmeckt. Dass es sich um ein exklusives Gewächs handeln muss, stellt sich heraus, als wir dem Hinweis auf einer Tafel folgen, wo man den Wein kaufen kann. Die Adresse führt uns zu einem Getränkemarkt im Tinnumer Gewerbegebiet. Der Verkäufer dort muss allerdings erst seine Chefin bitten, eine Flasche aus einem offenbar separaten Lager zu holen. Verständlich, denn die Flasche soll immerhin 71 Euro kosten. Ob der Wein das wert ist, vermag der nette Mann uns nicht zu sagen, an der Verkostung habe er nicht teilnehmen dürfen. Angesichts des Preises verzichten auch wir auf den Kauf und hoffen auf eine andere Gelegenheit, uns mit Sylter Wein vertraut zu machen …

BUS 3 KEITUM MITTE

Das Altfriesische Haus

ALTFRIESISCHES HAUS
AM KLIFF 13
25980 KEITUM
WWW.SOELRING-MUSEEN.DE

FÜR DIE BESICHTIGUNG ENTWEDER DIE BROSCHÜRE ERWERBEN ODER EINE FÜHRUNG BUCHEN, DA DIE EXPONATE NICHT ERLÄUTERT WERDEN. INFO: SOELRING-MUSEEN.DE/FUEHRUNGEN.DE

TIPP

GUTE NORDDEUTSCHE GERICHTE IN RUSTIKALEM AMBIENTE:
KLEINE KÜCHENKATE
HOYERSTIG 2
25980 KEITUM
WWW.KLEINEKUECHENKATE.DE

Roter Backstein, Reetdach, spitze Giebel, gepflegter Garten: Nirgendwo auf der Insel gibt es so viele gut erhaltene Friesenhäuser wie in Keitum. Viele Sylter Kapitäne, die im 17. Jahrhundert mit Walfang, im 18. Jahrhundert auch durch Handelsschifffahrt zu Wohlstand gelangt waren, ließen ihre Häuser hier bauen und lösten damit einen Bauboom in dem vorher eher armseligen Dorf aus. Wegen seines sturmflutgeschützten »Grünen Kliffs« mit den vielen Bäumen war Keitum als Wohnort für die Seeleute damals erste Wahl. Seither prägen Kapitänshäuser das Ortsbild. Mit ihnen entstand eine ganz eigene Bau- und Wohnkultur, die wir im hochinteressanten »Altfriesi-

schen Haus« erkunden können. Das Grundstück mit dem zunächst eher einfachen und später vielfach um- und ausgebauten Haus gehörte seit Beginn des 17. Jahrhunderts einer Seefahrerfamilie, bis es 1907 die *Söl'ring Foriining* kaufte und darin ein Museum für Wohnkultur vergangener Jahrhunderte einrichtete. Mit seinen Backsteinen demonstrierte das Gebäude damals großen Wohlstand: »Rote Häuser sind reiche Häuser«, hieß es. Die Klinker waren teuer und wurden aus Holland geliefert. Auch bei vielen anderen Dingen handelte es sich um Importe, vom kostbaren norwegischen Ofen und dem Samowar aus Russland über flämische Messingleuchter und handbemalte Delfter Kacheln bis zum feinen chinesischen Porzellan und englischen Teekannen – Mitbringsel für die Gattin und zugleich Statussymbole. Die Souvenirs wurden in eigenen Vitrinenschränken im *Pesel* aufbewahrt, einem repräsentativen Raum, der nur an Fest- und Feiertagen oder bei hohem Besuch benutzt wurde. Der Alltag fand in der *Kööv*, der Wohnstube statt, wo man auch in winzigen Alkoven meist zu mehreren und eher sitzend als liegend schlief. Im Winter trafen sich die Frauen in diesem Zimmer oft zu mehreren bei den sogenannten »Strickvisiten«. Dabei saßen sie zusammen, klönten und strickten. Die Sylterinnen galten als besonders fleißig und waren berühmt für ihre Kunst am Spinnrad und beim Stricken. Besonders begehrt waren ihre Strümpfe und Wollunterhemden, die sogar bis nach Hamburg exportiert wurden. Im Sommer arbeiteten die Frauen meist auf dem Feld oder im Garten. Die Landwirtschaft lag ganz in ihren Händen. Sie versorgten auch die Tiere, deren Stall von der Wohnung nur durch einen Flur getrennt war.

Doch alles in allem erinnerte ein Keitumer Kapitänshaus eher an ein Stadtdomizil in einem holländischen Hafen als an eine Sylter Dorfkate aus der bäuerlichen Nachbarschaft. Insofern spiegelte es vor allem den beruflichen Erfolg und die Reiserouten des Hausherrn wider.

Die Macht der Frauen zeigt sich vielleicht am ehesten bei einem merkwürdigen Braut-Brauch. Häufig wurden die jungen Männer auf Brautschau im Winter gleich zu mehreren zum Essen eingeladen und dann einzeln von der heiratsfähigen Tochter an der Haustür im Halbdunkel des Flurs verabschiedet – mit einem kurzen Gruß, wenn er nicht in Frage kam, mit einem Kuss aber, wenn er der »Richtige« war. Hier gab es keine arrangierten Ehen, die junge Frau hatte die Wahl und konnte immerhin bestimmen, in welches (Kapitäns-)Haus sie einziehen würde – zu einem Mann freilich, den sie ein Großteil des Jahres nicht zu Gesicht bekam, weil er auf See war.

BUS 3 KEITUM MITTE

Heimatmuseum I: Kapitäne und Walfänger

Der Torbogen aus zwei riesigen Unterkieferknochen eines Finnwals, der 1995 vor Wenningstedt gestrandet war, bildet einen ebenso ungewöhnlichen wie passenden Eingang zum Sylt-Museum in Keitum: Walfang machte die Insel einst wohlhabend und Keitum zu deren Zentrum, weil die meisten der Kapitäne sich hier niederließen. Als exzellente Seefahrer waren die Sylter seit dem 17. Jahrhundert auf den Walfangschiffen vor allem von Holländern sehr gefragt. Kam ein Schiffskommandeur von erfolgreicher Waljagd zurück, durfte er die mächtigen Unterkieferknochen der Riesentiere behalten. Walknochen waren damals Statussymbol, Tro-

SYLT MUSEUM
AM KLIFF 19
25980 KEITUM
WWW.SOELRING-MUSEEN.DE

phäe und Zunftzeichen und der ganze Stolz der Walfangkommandeure, die damit ihre Häuser schmückten.

Das alles und viel mehr erfahren wir im Sylter Heimatmuseum, das passenderweise in einem alten Kapitänshaus von 1759 untergebracht ist. Den Grundstock des Museums bildet die Sammlung von Christian Peter Hansen (1803–1879). Der gebürtige Sylter wirkte als Lehrer, Küster und Organist. Sein eigentliches Interesse aber galt seiner Heimat, die er lebenslang erforschte. Er verfasste u.a. mehrere Chroniken und einen Fremdenführer und sammelte alles von steinzeitlichen Grabbeigaben bis zu Hausrat, Schmuck, Trachten oder Werkzeug. Viele seiner Fundstücke sind in klug komponierte Themenräume u.a. zur Frühgeschichte der Insel oder zum Alltag Sylter Frauen integriert. Im Zentrum stehen die Schifffahrt und der Walfang. Schiffsmodelle, Souvenirs aus aller Welt, nautische Geräte wie der seltsame Jakobsstab, mit dessen Hilfe man den Breitengrad bestimmte, Harpunen und Speckmesser für den Walfang oder Robbenknüppel für die Seehundjagd werden nicht nur präsentiert, sondern auch anschaulich erläutert. Dazu findet man lebendige Schilderungen des strapaziösen Alltags der Grönlandfahrer, der bereits in früher Jugend begann. So heuerte Sylts berühmtester Walfänger, Lorens Petersen de Hahn (1668–1747), mit elf Jahren als Schiffsjunge auf einem Walfangschiff an. Mit 25 bereits Kapitän, erlegte er im Laufe seines Lebens 169 Wale, verdiente über 100 000 Taler (heute ca. vier Millionen Euro) und wurde der reichste Mann der Insel. Doch das lukrative Geschäft war lebensgefährlich. Viele der Walfänger und Seeleute kehrten nicht mehr in ihre Heimat zurück. Auch davon erzählt dieses hervorragend ausgestattete Museum.

BUS 3 KEITUM MITTE

Heimatmuseum II: Valeska Gerts »Ziegenstall«

SYLT MUSEUM
AM KLIFF 19
25980 KEITUM
WWW.SOELRING-MUSEEN.DE

TIPP

EINE VALESKA-GERT-STELE DES KAMPENER KUNSTPFADS STEHT IN KAMPEN AM WULDEWEG / ECKE GINSTERWEG

Das hätte man hoch oben unter dem Reetdach des Keitumer Heimatmuseums nicht erwartet: eine Art Punkkneipe mit grellbunten Wänden, wilden Graffiti, roh gezimmerten Melkschemeln und Heukrippen. Es handelt sich um den Nachbau einer berühmten Kneipe namens »Ziegenstall«, die von der Berliner Tanzkünstlerin Valeska Gert in einem alten Friesenhaus in Kampen von 1951 bis zu ihrem Tod 1978 betrieben wurde.
Ein ungewöhnlicher Raum, der mehr ist als eine Reminiszenz an ein Kultlokal, denn er schlägt einen Bogen zu den zwanziger Jahren in Berlin und einer Avantgarde-Künstlerin, die nach dem Zweiten Weltkrieg so viel-

leicht nur auf Sylt überleben konnte.

Mit ihren experimentellen Tanzpantomimen begeisterte Valeska Gert während der Weimarer Republik Tanzexperten wie Künstlerkollegen. Kurt Tucholsky lobte sie in höchsten Tönen, Bertolt Brecht wollte sie unbedingt engagieren. Sie spielte in Filmen, trat mit Dadaisten auf und eröffnete in Berlin sogar ein eigenes Kabarett. 1939 emigrierte die Jüdin in die USA.

Nach der Rückkehr war ihre Kunst in Deutschland vergessen. Als sie in Berlin nicht mehr Fuß fassen konnte, zog sich Valeska Gert nach Sylt zurück, wo sie seit 1929/30 in Kampen ein Haus besaß. Dort eröffnete die Künstlerin im Sommer 1951 den »Ziegenstall«. Der Name war Programm, die Einrichtung ähnelte wirklich einem Stall. Die Möbel stammten von Sylter Handwerkern, alles andere gestaltete Gert selbst, sogar die Getränkekarten mit den grotesk überteuerten Preisen. Doch das Lokal wurde rasch beliebt – bei Feriengästen, Saisonarbeitern, Intellektuellen und Prominenten, während die Einheimischen das Etablissement kritisch beäugten. Lag das am gewollt unordentlichen Ambiente, an der grell geschminkten exzentrischen Gastgeberin oder an den queeren Kostümpartys, die Valeska hier veranstaltete, lange bevor dieser Begriff aufkam? Immer wieder traten jun-

ge Künstler mit experimentellen Darbietungen auf, die Besitzerin selbst aber nie – vielleicht weil inzwischen das Lokal ihre Bühne war.
Mit dem Tod Valeska Gerts im März 1978 endete auch die Zeit des »Ziegenstalls«. Haupterbe Werner Höfer ließ das renovierungsbedürftige Haus abreißen und ein Feriendomizil für sich selbst bauen. Heute erinnert nichts mehr an die wilde Vergangenheit des Grundstücks im Wuldeweg in Kampen.
Der Nachbau des »Ziegenstalls« im Keitumer Museum kann natürlich die Atmosphäre jener Jahre nicht wiederbeleben – obwohl Sylter einiges aus dem Inventar gerettet und dem Museum gespendet haben, wie z. B. die legendären Getränkekarten. Doch eine Ahnung von der Persönlichkeit Valeska Gerts und ihrer Kunst bekommen wir in einem Dokumentarfilm von Volker Schlöndorff, der die Künstlerin ein Jahr vor ihrem Tod mit raspelkurzen Haaren, knallblauem Lidschatten und roten Lippen zeigt. Schlagfertig und mit erstaunlich junger Stimme erzählt sie von ihrer Kunst, ihrem Leben und ihrer Zeit in Berlin – eine berührende Hommage an eine große Tänzerin, die man unbedingt anschauen sollte und die ein wichtiger Teil dieser gelungenen Museumsinszenierung ist.
Zu verdanken ist diese ungewöhnliche Präsentation dem Engagement mehrerer Frauen und nicht zuletzt der *Söl'ring Foriining*, dem ganz und gar nicht provinziellen Heimatverein, der auf diese Weise auch daran erinnert, dass es Sylt war, wo diese bedeutende Künstlerin nach dem Krieg eine Heimat und eine Bühne fand.

BUS 3 KEITUM MITTE

Nielsens Kaffeegarten

NIELSENS KAFFEEGARTEN
AM KLIFF 5
25980 KEITUM
WWW.NIELSENS-KAFFEEGARTEN-SYLT.DE

Der Eingang: ein Anbau aus Glas und Stahl, der sich zu einem hohen, bis nach oben verglasten Wintergarten mit Blick aufs Watt hin öffnet. Die Einrichtung: im aktuellen nordisch-hellen Look. Die Kuchentheke: riesig und ebenfalls modern. Doch die Wand hinter dem Brot- und Brötchenregal ist alt. Sie besteht aus den Backsteinen des ungewöhnlichen Hauses, in dem »Nielsens Kaffeegarten« 1919 eröffnet wurde.

Mit seinen drei Stockwerken überragt das Gebäude bis heute alle Friesenhäuser im Dorf und unterscheidet sich von diesen auch im Stil, der sich an amerikanischen Herrenhäusern orientiert. Der Keitumer Kapitän

Friedrich Petersen war in den USA zu Wohlstand gekommen und hatte dort seine spätere Frau kennengelernt. Sie zog mit ihm in das altehrwürdige Kapitänshaus, das seine Vorfahren 1807 in Keitum gebaut hatten. Dort fiel ihr die Decke buchstäblich auf den Kopf – so dunkle, niedrige und enge Behausungen war sie nicht gewohnt. Ihr Mann ließ deshalb dieses stattliche Backsteinhaus nach amerikanischen Plänen bauen. Frau Petersen wollte dann ihr schickes Heim zum neuen gesellschaftlichen Mittelpunkt des Ortes machen. Nur ausgewählte Gäste durften an den mondänen Festen teilnehmen, die sie mehrmals im Jahr veranstaltete.

Dass das Café heute nicht mehr so exklusiv ist und ein bunt gemischtes Publikum aus jungen Familien, hippen Gucci-Mädchen, älteren Damen und Wanderern anlockt, verdanken wir der Familie, die das Café schon seit über 100 Jahren und in vierter Generation betreibt. Nach dem Tod der Petersens ersteigerte Konditormeister Nicolai Nielsen das auffallende Gebäude in bester Lage und eröffnete hier seinen neuen Kaffeegarten.
Seither ist das Café ein beliebter Treffpunkt zum Frühstücken oder zum Nachmittagskaffee. Morgens locken knusprige Brötchen, später Kuchen und Torten. Besonders gut ist der Altdeutsche Apfelkuchen mit einer saftigen

Schicht von gedünsteten Äpfeln, Rosinen und Walnüssen. Auch die traditionelle Friesentorte aus Blätterteig mit Pflaumenmus und Sahne schmeckt ausgezeichnet, ist aber eher etwas für den Winter. Ein weiterer Pluspunkt: die Auswahl an Teesorten, darunter ungewöhnliche Kräuter- und Früchtemischungen.

Das Schönste aber ist die Terrasse über dem Grünen Kliff mit weitem Blick über das Wattenmeer. Eine Besonderheit auf Sylt stellen die mächtigen Eichen und Kastanien dar, deren Rauschen im Wind hier fast immer zu hören ist. Sylt ist heute eine Insel ohne hohe Bäume. Die Eichenmischwälder, die vor 6000 Jahren auf dem Geestrücken standen, wurden schon in der Eisenzeit fast vollständig gerodet. Spätere Bäume z.B. in den Vogelkojen blieben niedrig. Das Wäldchen, das Kapitän Lorensen 1820 zwischen Keitum und Wenningstedt gepflanzt hatte, fiel dem Flughafenbau zum Opfer. Nirgends auf Sylt gibt es so majestätische Bäume wie in Keitum, die den Besuch dieses Cafés über den kulinarischen Genuss hinaus zu einem botanischen Erlebnis machen.

BUS 3 KEITUM MITTE

Tipkenhoog und Harhoog

TIPKENHOOG UND HARHOOG
AM TIPKENHOOG
25980 KEITUM

TIPP

HERVORRAGENDER ZIEGENKÄSE UND ANDERE REGIONALE SPEZIALITÄTEN IM FRIESISCHEN KÄSELÄDCHEN
SIIDIK 6
25980 KEITUM

Hinter uns am südöstlichen Ortsrand von Keitum liegen Ferienvillen inmitten tipptopp gepflegter Gärten, vor uns ein unscheinbarer grasbewachsener Hügel mit Blick über Salzwiesen, Morsumer Kliff und Wattenmeer bis zur Küste. Aufgrund dieser guten Position habe hier einst auch der Wachturm des Riesen Tipken gestanden, der Tag und Nacht Ausschau nach Feinden hielt. Doch als dänische Krieger in großer Übermacht das Eiland stürmten, fiel er im Kampf und wurde als Held auf dieser Anhöhe bestattet, die fortan Tipkenhoog, Tipkengrab, hieß. So können wir es bei C.P. Hansen nachlesen, der alte Sylter Sagen und Geschichten gesammelt und neu erzählt hat.

Diese Sage konnten archäologische Ausgrabungen allerdings nicht bestätigen, wie der Autor 1869 selbst erfahren musste: »Am 15., 16. und 17. August ließ Professor Handelmann den Tipkenhoog ausgraben, fand aber 8–10 Fuß tief unter der Erdoberfläche des Hügels nur einen ungeordneten Steinhaufen ohne Spuren von Knochen, Urnen, Waffen oder Keller (...) Die Bedeutung des (...) Tipkenhoogs bleibt rätselhaft.«

Nicht weit entfernt liegt eine andere steinzeitliche Stätte, die tatsächlich einmal ein Grab war, der ungefähr 4500 Jahre alte Harhoog. Ursprünglich befand er sich woanders, wurde aber 1954 nach Keitum verlegt, weil er beim Ausbau des Flughafens störte. Über Bedeutung und Funktion wissen wir leider nichts. Die Grabkammer aus mehreren Findlingen in einem großen Steinkreis ist vielleicht noch beeindruckender als der schlichte Tipkenhoog. Doch als ehemaliger Wachturm und Totenstätte des Riesen Tipken bleibt uns dieser eher im Gedächtnis, auch wenn C. P. Hansen respektive die alten Sagenerzähler seine Geschichte vielleicht nur ausgedacht haben. Wie sagt doch das italienische Sprichwort: *»Se non è vero è ben trovato«* – »Wenn es nicht wahr ist, ist es doch gut erfunden«.

Morsum, Archsum und Tinnum

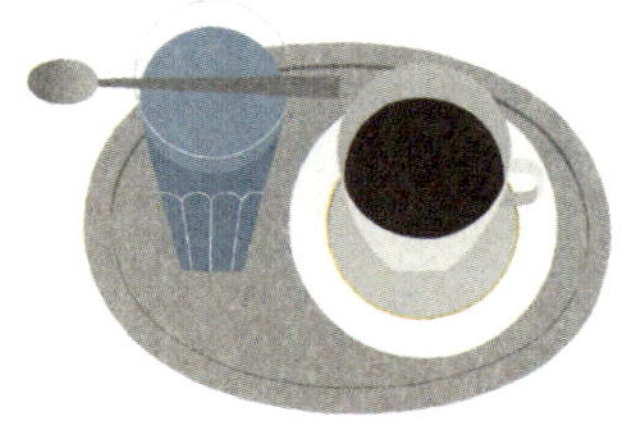

39

BUS 4 MORSUM BAHNHOF

Das Morsumer Kliff

TIPP

VON APRIL BIS OKTOBER FINDEN REGELMÄSSIGE »NATURKUNDLICH-GEOLOGISCHE FÜHRUNGEN« AM MORSUM-KLIFF STATT. INFO: WWW.NATURSCHUTZ-SYLT.DE/EVENT/MORSUM-KLIFF-FUHRUNG

TIPP

KAFFEE, KUCHEN UND BLICK AUFS KLIFF VON DER TERRASSE DES LANDHAUSES SEVERIN'S
NÖSISTIG 13
WWW.LANDHAUS-SEVERINS.DE

Der Weg zum Morsumer Kliff führt durch eine Einöde, die an karge Mittelgebirgshöhen erinnert: windzerzauste Sträucher, ein Tannenwäldchen und struppiges Heidekraut, auf dem eine Herde brauner und schwarzer Schafe weidet. Hier öffnet sich eine grandiose Aussicht auf den Hindenburgdamm, das Meer und das Festland mit seinen Windrädern dahinter. Spektakulär aber wird es, wenn man zum schilfgesäumten Pfad am Wattenmeer hinuntersteigt und das Morsumer Kliff selbst in den Blick gerät: eine bis zu 21 Meter hohe und fast zwei Kilometer lange Steilküste mit faszinierenden verschiedenfarbigen Gesteinsablagerungen, die viele Millionen

Jahre alt sind und aus weit entfernten Klimazonen hierherkamen. Damit ist das Kliff nicht nur ein Naturschauspiel, sondern auch eine Art Lesebuch der Erdgeschichte.

Am ältesten ist der schwarzgraue Glimmerton, der vor ungefähr zehn bis acht Millionen Jahren hierhergelangte, als überall noch Wattenmeer war. Aus verwittertem Meeressand entstand vor acht bis sechs Millionen Jahren der rötliche Limonitsandstein. Der weiße Kaolitsandstein hingegen wurde vor drei bis zwei Millionen Jahren im Mündungsdelta eines damals von Skandinavien bis Holland reichenden Flusses abgelagert. Er enthält Fossilien von Kieselschwämmen, Korallen und Seelilien, die vor 500 Millionen Jahren lebten.

Ursprünglich lagen diese drei Schichten übereinander, wurden aber vermutlich vor 150 000 Jahren in der Saale-Eiszeit durch einen Gletscher zusammengepresst und seitlich verschoben, so dass sie heute vielerorts nebeneinanderliegen. Die Erdgeschichte ist am Morsum-Kliff also nicht aus waagerechten, sondern aus senkrechten Schichten abzulesen. Ganz oben liegt braungelber Geschiebelehm, der wie die übrige Sylter Geest erst während der vorletzten Eiszeit entstand und sehr weich ist, weshalb er ständig von der Gefahr der Erosion bedroht ist.

Die größte Gefahr für das Kliff aber ging von Menschen aus. In den 1870er Jahren erwarb der Geologe Ludwig Meyn unauffällig ein Landstück nach dem anderen am Ufer, weil er dort Bodenschätze vermutete und ein Bergwerk zum Abbau von Eisenerzen errichten wollte. Doch da der Boden nicht eisenhaltig genug war, zerschlugen sich seine Pläne. Später sollte diese Erde zum Bau des Hindenburgdammes verwendet werden. Das konnte in letzter Minute verhindert werden, weil es auf Initiative von Ferdinand Avenarius 1923 als eines der ersten Gebiete in Schleswig-Holstein unter Naturschutz gestellt wurde. Inzwischen ist das Morsumer Kliff ein »Naturdenkmal« und wurde 2006 sogar als »Nationales Geotop« geehrt.

BUS 4 MORSUM BAHNHOF

Die Kirche St. Martin

SANKT MARTIN
HAAWERLÖN 1
25980 MORSUM
WWW.KIRCHE-MORSUM-SYLT.DE

TIPP

DAS CAFÉ INGWERSEN, BERÜHMT FÜR SEINEN GARTEN UND DIE REICHHALTIGE KUCHEN- UND FRÜHSTÜCKSAUSWAHL. GUTES VOLLKORNBROT!
TERPSTICH 76
25980 MORSUM
WWW.INGWERSEN-SYLT.DE

Riesige Granitblöcke, Tuffsteine und Findlinge hatten die Morsumer mit viel Mühe für den Bau ihrer Kirche herangeschleppt. Und dann das: Als die Dorfbewohner am nächsten Morgen mit den Arbeiten beginnen wollten, waren alle Steine über Nacht verschwunden. Doch bald fanden sie sich wieder an, sorgsam gestapelt, auf dem höchsten Punkt des Geestlandes. Ein Zeichen Gottes, dachten die Gläubigen und errichteten ihre Kirche am neuen Ort – so die Legende. Zum Glück, denn am ursprünglich geplanten Standort wäre das Gotteshaus längst im Watt untergegangen. So aber gehört St. Martin mit St. Severin zu den ältesten Kirchen der Insel. Wahr-

scheinlich im frühen 13. Jahrhundert erbaut, hat sie bisher alle Sturmfluten, Kriege und Unwetter überdauert. Heute liegt der schlichte weiße Bau am Rande des Ortes in einsamer Lage und ist auf den ersten Blick gar nicht als Kirche zu erkennen. Aus Armut konnten sich die Morsumer nämlich – anders als die Keitumer – keinen Kirchturm leisten. 1984 wurde ein kleiner Holzturm wieder aufgestellt, der sogenannte Glockenstapel, mit der alten Glocke, die 1767 in Hamburg gegossen und noch immer per Hand geläutet wird.

Gott hatte zwar seine schützende Hand über den Bau der Kirche gehalten, das aber konnte die Morsumer nicht vor Leid und Unglück bewahren, wie wir im Kircheninneren aus zwei Gedenktafeln erfahren. Über einem Rundbogen aus Backsteinen hängt eine reich geschnitzte Pesttafel. Sie erzählt, wie der Anblick der wehrhaft verschanzten Morsumer Kirche Wallensteins Truppen während des Dreißigjährigen Krieges in die Flucht schlug; im Jahr darauf habe das Gotteshaus jedoch die Pest nicht verhindern können. 160 Morsumer starben. Wann all das geschah, verrät die Tafel auf ungewöhnliche Weise – als Chronostichon. Einige Buchstaben sind besonders erhöht und ergeben, als römische Ziffern gelesen, zwei Jahreszahlen: Zählt man diese Buchstaben-Ziffern der ersten vier Zeilen zusammen, ergibt sich 1628, aus den hervorgehobenen Buchstaben der restlichen vier Zeilen resultiert das Jahr 1629.

Eine andere Tafel – sie hängt über dem mehr als 1000 Jahre alten Weihwasserbecken – erinnert an ein späteres großes Unglück. 1744 kenterte ein Schiff mit Seeleuten, die in Amsterdam auf Walfängern anheuern wollten. Ein Sechstel der damaligen seefahrenden Männer Sylts, darunter 50 allein aus Morsum, starben »in Sicht ihrer Heimatinsel«, so die Inschrift in der Kirche.

Ihre Gräber finden sich nicht mehr auf dem hiesigen Friedhof bei der Kirche, denn die Morsumer verwendeten alte Grabsteine für den Bau ihrer Häuser und Straßen. Ein Besuch lohnt dennoch – nicht nur wegen der idyllischen Lage neben Äckern und Wiesen. Sehenswert sind vor allem das Grab Fabian von Schlabrendorffs, der als konservativer Offizier zum Widerstand des 20. Juli gehörte und in der jungen Bundesrepublik als Verfassungsrichter wirkte, sowie eine ungewöhnliche Gedenkstätte der Gemeinde zur Erinnerung an den Zweiten Weltkrieg: ein schlichter Findling mit einem knappen Text, der zum Frieden auffordert.

BUS 4 SKELINGHÖRN

Das Eisboot

DIE SKULPTUR BEFINDET SICH
AM ORTSEINGANG
HÖHE TERPSTIG 4
25980 MORSUM

TIPP

MORSUMER KARTOFFELN UND
GUTE EIER IM HOFLADEN HANSENHOF
TERPSTIG 65
25980 MORSUM
WWW.HANSENHOF-SYLT.DE

Seit Bau des Hindenburgdamms 1927 fürchteten manche Sylter, ihre jahrhundertealten Lebensgewohnheiten zu verlieren. Einer Tradition jedoch weinte keiner eine Träne nach: dem Eisbootfahren. Viel häufiger als heute waren die nordischen Winter eisig und schneereich, Sylt war oft von einem dicken Eispanzer umgeben. Wenn die Fahrrinnen dann tage- oder manchmal sogar wochenlang nicht passiert werden konnten, die Menschen aber weiterhin Medikamente, Post und Nahrungsmittel vom Festland benötigten, schlug die Stunde der Eisbootfahrer: Mannschaften von vier bis sechs Männern, meist aus Morsum, die mit speziellen kleinen Schiffen mit

Kufen und einem eisernen Kiel zum Festland aufbrachen.
Wo möglich ruderten sie, selbst in den engsten Lücken zwischen den hochaufgetürmten Eisschollen. Immer wieder aber mussten sie das Boot aus dem Wasser heben und dann auf den Kufen über das verkrustete Eis bis zur nächsten freien Wasserstelle schieben. Eine kräftezehrende Fahrt, die bei Sturm, Schnee und Hagel bis zu 14 strapaziöse Stunden lang dauern konnte. Obwohl die Männer dicke Wolljacken, darüber Ölzeug, hohe Schaftstiefel und Südwester trugen, waren sie im Nu durchnässt. Manchmal fielen sie »bis an den Leib ins Wasser, und die Kleider und Stiefel froren uns fest«, wie Kapitän Thomas Selmer von einem Einsatz 1868 berichtete. Kam Nebel auf und zwang sie zur Umkehr, erhielten die Männer noch nicht einmal Lohn. 57 solcher Eisbootfahrten sind allein im Winter 1888/89 dokumentiert, in dem das Watt bereits im November zufror und erst im März wieder auftaute. Die letzte Fahrt eines Eisbootes 1923 wäre fast in einer Katastrophe geendet. Eine stürmische und eiskalte Nacht lang mussten die Männer auf einer Eisscholle ausharren, bevor sie ihr Boot wieder freibekamen und nach Hause gelangten. Erst der vielkritisierte Bau des Bahndamms hat diese gefährlichen Fahrten überflüssig gemacht.

Seit 1996 erinnern die Morsumer mit einer eigenen Installation an ihre mutigen Vorfahren. Gut sichtbar auf einem Acker neben der Straße am Ortseingang platzierten sie ein Eisboot mit vollständiger Besatzung in Lebensgröße. Die erste, inzwischen marode Schute und die Figuren wurden bereits ersetzt, seit 2016 begrüßt uns ein neues Eisboot. Beim Vorüberfahren ist die schwierige Mission der Seeleute zunächst nicht zu erkennen. Anzuhalten lohnt sich. Denn eine informative Tafel unterrichtet ausführlich über die mühseligen und gefährlichen Wintertouren der Morsumer in der oft so hochgelobten alten Zeit.

BUS 4 MORSUM BAHNHOF

Das Dammwärterhaus

Wie eine Försterei wirkt das letzte Haus auf der Insel, das unter mächtigen Bäumen ganz einsam im äußersten Osten steht – mit einem unverstellten Blick über die Morsumer Salzwiesen und das Wattenmeer bis nach Föhr. Es befindet sich in unmittelbarer Nähe zum Hindenburgdamm. Das ist kein Zufall, denn es wurde 1925 im Auftrag der Deutschen Reichsbahn fertiggestellt: das Dammwärterhaus, ein Doppelhaus im Friesenstil mit Reetdach und Klinker für die zwei Dammwärter und ihre Familien. Die beiden Männer teilten sich eine verantwortungsvolle und fordernde Aufgabe: die ständige Kontrolle und – falls nötig – Reparatur der Eisenbahngleise.

DAMMWÄRTERHAUS
ZUM WÄLDCHEN 19
25980 MORSUM

Dazu mussten sie jede Nacht, wenn der Zugverkehr ruhte, die gesamte Bahnstrecke inspizieren, elf Kilometer hin, elf Kilometer zurück. War etwas kaputt, sollte es gleich an Ort und Stelle repariert werden, selbst im Dunkeln, bevor der erste Morgenzug fuhr. Eine Aufgabe, die nicht nur technische Fertigkeiten, sondern auch sportliche Kondition und Durchhaltevermögen erforderte, besonders bei den rauen Wetterbedingungen im Herbst und im Winter. Doch es fanden sich immer Bahnangestellte, die gern hierherzogen – wegen der guten Unterbringung, die ganz auf Selbstversorgung ausgerichtet war, mit großzügigem Gemüsegarten, Schweinestall, Waschküche und Heuboden.

Nachdem die Schienenkontrolle automatisiert worden war und der letzte Dammwärter in den 1970er Jahren die Insel verlassen hatte, erwarben Margit und Harm Dunker das Anwesen und restaurierten es liebevoll. Inzwischen ist das Gebäude in die Jahre gekommen. Seit kurzem steht es für einen Millionenbetrag bei Sotheby's zum Verkauf und wird wahrscheinlich luxussaniert. Bleibt zu hoffen, dass die umgebende Landschaft nicht allzu sehr verändert wird.

Vor dem Dammwärterhaus bietet sich ein ganz besonderer Blick auf einen blumengesäumten schnurgeraden Feldweg, der von einer Art grünem Triumphbogen aus Sträuchern überwölbt wird – ein wunderschönes Fotomotiv, wie von einem Landschaftsgärtner hier platziert. Ein Stück am Dammwärterhaus vorbei weiter in Richtung Festland befindet sich eine Bank mit ebenfalls guter Aussicht, die sich bei einem Spaziergang oder einer Fahrradtour hervorragend für ein Picknick eignet. Gleich daneben steht ein avantgardistisch anmutender Hochsitz aus Holz. Gejagt werden unter anderem Marder und Füchse. Ursprünglich gehören sie nicht zur Tierwelt Sylts, sondern sind erst über den Hindenburgdamm auf die Insel gelangt.

43

BUS 2 RANTUM NORD ODER BUS 4 MORSUM BAHNHOF

Der Nössedeich

TIPP

JE NACH WINDRICHTUNG DIE FAHRRADTOUR ENTWEDER IN RANTUM ODER IN MORSUM BEGINNEN. FÜR DEN RÜCKWEG EVENTUELL DEN BUS NEHMEN.

TIPP

DIE STOLPERSTEINE FÜR LUDWIG BORSTELMANN: BAHNHOFSTRASSE 15 UND ALTER KIRCHENWEG 32 25980 KEITUM

Als Keitumer Schüler 1840 gefragt wurden, was sie mit viel Geld anfangen würden, antwortete Elisabeth Buchholz in ihrem Aufsatz, sie würde »einen Deich an allen Seiten unserer Insel, wo es nötig tut, machen lassen, damit das Wasser nicht jeden Augenblick die Äcker und Wiesen länderweise überschwemmen und unfruchtbar machen kann«. Ein ungewöhnlicher Wunsch für eine Fünfzehnjährige, jedoch verständlich vor dem Hintergrund jahrhundertelanger Erfahrungen im Osten Sylts, wo sich zwischen Morsum und Rantumer Becken der größte Teil des Ackerlands der Insel erstreckt. Inzwischen wird es durch den Nössedeich geschützt, früher

aber hieß es regelmäßig »Land unter«.

Im ausgehenden Mittelalter hatte man das Gebiet schon einmal eingedeicht. Doch der »Mittelmarschdeich« brach immer wieder und wurde nicht mehr repariert, nachdem ihn 1634 eine große Sturmflut vollends zerstört hatte. Danach blieb das Land jahrhundertelang ganz ohne Deiche, die Menschen bauten ihre Häuser wie die Bewohner der Halligen auf Wurten. Regelmäßig wurde das Marschland um Archsum von den salzigen Fluten überschwemmt, oft gerieten Mensch und Vieh in Gefahr. Doch immer fehlte das Geld. Deichbau ist teuer, zudem erfordern Deiche ständige Wartung und Reparaturen. Das konnten sich nur die reichen Marschbauern an der nordfriesischen Küste leisten, nicht aber die armen Insulaner mit ihren kargen Böden.

Der heutige Nössedeich entstand erst 1937 unter den Nationalsozialisten, die schon bald nach der Machtergreifung in Schleswig-Holstein große Landgewinnungsprojekte betrieben. Das passte nicht nur zur Ideologie vom »Volk ohne Raum«, sondern stellte auch eine Arbeitsbeschaffungsmaßnahme für Arbeitslose aus Hamburg, Kiel und Dithmarschen und Hunderte Mitglieder des Reichsarbeitsdienstes dar. Zugunsten nationalsozialistischer Funktionäre wurde das so geschützte Ackerland neu aufgeteilt, und manche alteingesessene Landbesitzer verloren ihre Ländereien – wie der Keitumer Sparkassendirektor Ludwig Borstelmann. Als er sich beschwerte, wurde er denunziert, verhaftet und starb im Konzentrationslager. Zwei Stolpersteine vor seinem Wohnhaus und vor der Sylter Bank in Keitum erinnern an diese düstere Seite nationalsozialistischer Landgewinnung.

Der Nössedeich schützt heute noch den Koog mit seinen Äckern, Wiesen und Pferdekoppeln, in dem die traditionelle Landwirtschaft längst ihre beherrschende Rolle verloren hat. Auf dem Deich grasen Schafe, weshalb die einzige, vom Morsumer Kulturverein mit ein paar Tischen und Strandkörben eingerichtete Badestelle durch einen Zaun geschützt wird. Den 13 Kilometer langen Deich kann man von Rantum bis nach Morsum mit dem Fahrrad befahren – keine spektakuläre Tour, dafür trifft man nicht allzu viele Menschen und hat schöne Ausblicke sowohl auf das Wattenmeer als auch auf die Wiesen, wo eine Reihe idyllischer schilfumgürteter Seen liegt. Der größte heißt Katrevel und ist mit Holzsteg und Picknickplatz nicht nur ein Vogelbeobachtungs-, sondern auch ein Anglerparadies. 2011 vermeldete die Zeitschrift *Fisch und Fang* sogar den Fang eines 30 Pfund schweren Hechtes.

Südwestlich von Archsum liegen Ansammlungen von riesigen Findlingen im Watt – Überreste von 5000 Jahre alten Großsteingräbern, die zum Teil nur bei Ebbe sichtbar sind. Besser erhalten ist das hinter dem Deich gelegene und von diesem geschützte Ganggrab Merelmērskhoog.

BUS 4 KEITUM BAHNHOF

Das kleinste Museum Sylts im Alten Schöpfwerk

ALTES SCHÖPFWERK
KOOGSTRASSE
25980 KEITUM
WWW.SCHUTZSTATION-WATTENMEER.DE/UNSERE-STATIONEN/KEITUM-SYLT/

TIPP

DAS SCHÖPFWERK KANN GUT AUF DER FAHRRADTOUR AM NÖSSEDEICH (SIEHE LIEBLINGSORT 43) BESICHTIGT WERDEN.

Für die Landwirtschaft in Norddeutschland sind Schöpfwerke unverzichtbar. Zu feuchte Wiesen und Felder taugen nicht für Ackerbau und Viehzucht, deshalb werden die Marschen durch Gräben ständig entwässert. Wenn wie hier im Osten der Insel das Ackerland unterhalb des Meeresspiegels liegt, muss man das Wasser mithilfe von Pumpen aus den Gräben »herausschöpfen«. Das war auch die Funktion des 1940 am Nössedeich errichteten Alten Schöpfwerks. Doch was der Landwirtschaft nützte, schadete der Vogelwelt. Die Entwässerung und Trockenlegung der Wiesen und Felder haben viele der angestammten Vogelarten stark dezimiert, manche wie Brachvögel, Rotschenkel und Kampfläufer sind sogar bis heute aus den Marschwiesen verschwunden.

Als immer mehr Bauern Ende des 20. Jahrhunderts ihre Betriebe aufgaben, wurde eine solch forcierte Entwässerung unnötig. 1982 schloss man das Alte Schöpfwerk. Nachdem es jahrzehntelang nicht genutzt worden war, hatten die Verantwortlichen der »Schutzstation Wattenmeer« 2018 eine tolle Idee. Mit viel privater Hilfe renovierten sie das marode Gebäude und widmeten es den Lebewesen, die das Schöpfwerk einst vertrieben hat – den Vögeln.

Außen blieb alles beim Alten, bis auf einige Schautafeln, die über die frühere Funktion des Backsteingebäudes informieren. Innen führen zauberhafte zarte Vogelzeichnungen auf blauem Grund den Besucher eine steile Treppe hinauf in einen gemütlichen Raum, von April bis Oktober die Wohn- und Arbeitsstätte eines Vogelwarts bzw. einer Vogelwartin und zugleich Minimuseum. Das winzige Zimmer ist mit einfacher Holzbank, Sekretär, Tisch und einer kleinen Spüle wie eine alte Vogelwarte eingerichtet. Alles ist sehr beengt, doch weitaus komfortabler als der Bauwagen, in dem die freiwilligen Helfer der Schutzstation früher wohnten.

Zum Museum wird die Stube durch die ausgestopften Vögel und Infotafeln. Und, nicht zu vergessen, durch das wichtigste Arbeitsgerät eines Vogelwarts, das auf der Fensterbank liegt: das Fernglas zur Vogelbeobachtung und -zählung. Vor allem Letztere dauert inzwischen stundenlang. Seitdem das Schöpfwerk stillgelegt wurde, sind viele Vögel wie Sandregenpfeifer, Säbelschnäbler und Sumpfohreulen wieder in ihren feuchtsumpfigen Lebensraum zurückgekehrt.

BUS C KÖNIGSKAMP

Die Tinnumburg

TINNUMBURG
BORIGWAI
25980 TINNUM

TIPP

FRISCHER FISCH, HUMMER, KRABBENSALAT UND MEHR ZUM MITNEHMEN:
BLUM FISCHSPEZIALITÄTEN
MITTELWEG 7
25980 TINNUM
AUCH MITTAGSTISCH

Im Niemandsland südlich von Tinnum liegt zwischen Gräsern, Syltrosen, Gestrüpp und Brombeerranken einer der geschichtsträchtigsten Orte Sylts: die Tinnumburg. Man kann sie sogar besteigen, mehrere Pfade führen auf den grasbewachsenen kreisrunden Wall. Oben angelangt, zeigen sich erst seine gewaltigen Ausmaße: Wir stehen auf einer acht Meter hohen Ringwallanlage aus Erde mit einem Durchmesser von 120 und einem Umfang von fast 500 Metern und einer wechselhaften Geschichte, über die man leider nichts Genaueres weiß.
Ungefähr vor 2000 Jahren errichteten die Germanen an dieser Stelle eine Opferstätte in Form

eines Rundwalls, wie die Archäologen vermuten, verließen den Ort aber später, so dass das Innere versumpfte. Im frühen Mittelalter erhöhten die Insulaner den Wall zu einer Art Burgmauer und bauten ihre Hütten im Inneren der Anlage. Doch auch sie verließen die Tinnumburg wieder. Wahrscheinlich verschlickte der Priel, heute ein schmaler Wasserlauf, und der gut geschützte Hafen, der hier gelegen haben muss, verlandete, so dass es keinen unmittelbaren Zugang mehr zum Meer gab.

Im späteren Mittelalter wurde die Burg vermutlich als Zwingburg von den Statthaltern und Steuereintreibern des dänischen Königs genutzt, bis diese 1649 als neuen Amtssitz die Tinnumer Landvogtei am Kampende erbauten. Fortan diente die Senke wohl vor allem als Viehtränke. Nach Zerstörungen im Zweiten Weltkrieg rekonstruierte man die von Süden weithin sichtbare Anlage. Meistens ist dort nicht viel los, bis auf ein paar Einheimische, die ihre Hunde ausführen, oder eine Gruppe Fahrradtouristen trifft man dort kaum jemand.

Nur an einem Tag im Jahr drängen sich die Menschen: am 21. Februar, wenn hier – wie an acht anderen Stellen auf der Insel – ein Biikefeuer entzündet wird. Die Tinnumburg ist für das Biikebrennen ein besonders passender Ort; denn dieses Fest soll auf einen heidnisch-germanischen Brauch zurückgehen, mit dem am Ende des Winters die bösen Geister vertrieben wurden. Wie die Funktionen der Burg veränderte sich auch diese Feier im Laufe der Jahrhunderte beträchtlich: Zu den großen Zeiten der Seefahrer im 17. und 18. Jahrhundert versammelten sich die Schiffsleute beim Biikefeuer, um den Zeitpunkt ihrer nächsten Abfahrten in die großen Häfen zu organisieren. (Anders als oft behauptet, handelte es sich nicht um den Tag vor der Abfahrt der Seeleute, denn die fand nicht im wettermäßig schwierigen Februar, sondern eher im März statt.) Seit dem 19. Jahrhundert sang man friesische Lieder und hielt friesische Reden. Bis heute ist das Biikebrennen mit anschließendem Grünkohlessen das wichtigste Fest der Einheimischen. Inzwischen wurde es – wie vieles andere – auch zu einer Touristenattraktion.

BUS C ZUM GLEIS

Die Sylter Schokoladen-manufaktur

Für die meisten Touristen besteht Tinnum nur aus einem riesigen Gewerbegebiet an der vielbefahrenen Straße von Westerland nach Keitum, das man am besten links und rechts liegen lässt. Doch für Süßigkeiten-Fans lohnt sich unbedingt ein Abstecher, denn hier hat die »Sylter Schokoladenmanufaktur« neben ihrer Produktionsstätte einen großzügigen Verkaufsraum samt Kaffeeausschank. Also auf ins Gewerbegebiet, das mit modernen Outlets, Badzubehörläden, Einrichtungszentren und Wäschereibetrieben ungewöhnlich aufgeräumt wirkt!

Die Schokoladenmanufaktur passt mit großem Parkplatz und einem freundlichen Gebäude aus

SYLTER SCHOKOLADENMANUFAKTUR
ZUM FLIEGERHORST 15
25980 TINNUM
WWW.CAFE-WIEN-SYLT.DE

Holz perfekt in die Umgebung. Die Fenster sind in Rot gestrichen, eine Reminiszenz an das Stammhaus, das »Café Wien« in Westerland. Als Tania Langmaack das Traditionscafé 1996 von ihren Eltern übernahm, gründete sie die Schokoladenmanufaktur und verlegte deren Produktion in das damals neu erschlossene Industriegebiet Tinnum. Noch immer wird die Schokoladenherstellung von Hand betrieben: vom Sortieren und Rösten der besten Kakaobohnen bis zum stundenlangen Rühren, dem Conchieren, der flüssigen Schokolade. Wer es ganz genau wissen will, kann hier ein Schokoladenseminar besuchen und sein eigenes Naschwerk herstellen.

Im hohen und hellen Verkaufsraum laden Vitrinen mit köstlichen Pralinen und Torten aus dem »Café Wien« zu einer kleinen Kaffeepause ein. Auf Tischen stapeln sich Sylt-Souvenirs wie Muscheln, Seesterne, Fische – alle aus Schokolade, versteht sich. Der Hit aber ist die »Süße Bibliothek«, ein riesiges Holzregal mit über 300 verschiedenen Sorten Schokolade. Hier findet man originelle Kreationen wie »Knallbrause«, »Tote Tante«, »Sex-on-the-Beach« oder »Doppeltgemoppelte Nuss« (sehr gut!), viele raffinierte Bitterschokoladen und – nicht zu vergessen – das zu Recht besonders beliebte »Salzkaramell«. Es ist unmöglich, sich hier während eines Urlaubs durch alle Sorten durchzufuttern. Doch das macht nichts, denn die süßen Tafeln sind tolle Mitbringsel für andere und warum nicht auch für sich selbst?

Rantum

BUS 2 RANTUM NORD

Eine vogelkundliche Führung am Rantumbecken

INFORMATIONEN ZU DEN VOGELFÜHRUNGEN: WWW.JORDSAND.DE/SCHUTZGEBIETE/RANTUMBECKEN-SYLT/FÜHRUNGEN-AM-RANTUMBECKEN

»Ihr müsst unbedingt eine Vogelführung in Rantum machen«, riet unsere Freundin Johanna als begeisterte Birdwatcherin. Das Rantumbecken ist eines der bedeutendsten Brut- und Rastgebiete an der deutschen Küste. Während des Vogelzugs rasten hier Zehntausende von Vögeln im Jahr.

Wie so vieles auf der Insel geht das Rantumbecken auf Kriegspläne der Nationalsozialisten zurück, die in der ehemaligen Steidumbucht einen tideunabhängigen Seeflughafen anlegten, von dem aus ihre Flugzeuge Angriffe gegen England starten sollten. Doch die Wasserflugzeuge der Wehrmacht erwiesen sich als zu schwer und zu windanfäl-

lig, so dass man die Anlage bald nach Fertigstellung als »nicht mehr kriegswichtig« aufgab. 1962 wurde das gesamte Gebiet zum Vogelschutzgebiet erklärt.

Betreut wird es von einem der ältesten Naturschutzverbände Deutschlands, dem 1907 gegründeten Verein Jordsand, der auch regelmäßig Führungen anbietet. Treffpunkt an diesem Junitag ist das Schleusenwärterhäuschen in der Nähe des Rantumer Hafens, ein kleiner Backsteinbau am Deich. Links und rechts erstrecken sich Wasser- bzw. Wattflächen. Neun Schafe dösen in der Sonne. Ab und zu fliegt eine Möwe vorbei, andere Vögel: Fehlanzeige.

»Wartet nur ab«, lacht Andrea Ade, die Vogelwartin, während sie für jeden von uns Ferngläser einstellt und einige Stative vorbereitet. »Das wird sich gleich ändern!« Dann beginnt mit der Ebbe überall das Wasser abzulaufen, das Watt taucht auf, und die ersten Vögel kommen: eine Pfuhlschnepfe mit ihrem gebogenen Schnabel und zwei schwarzweiße Austernfischer, gut erkennbar an ihren langen orangeroten Beinen und Schnäbeln. Vor allem am Wasserrand lockt nun Nahrung im Überfluss, wie zum Beispiel unvorsichtige Wattwürmer. Spätestens jetzt stellen sich auch die charakteristischen Vögel des Rantumbeckens ein, die mit ihrem graugesprenkelten Gefieder schwerer zu erkennenden Knutts. Diese wenig eleganten, eher etwas pummeligen Schnepfenvögel sind Hochleistungsflieger und können bis zu 5000 Kilometer nonstop zurücklegen. Die Fettdepots, die sie für ihre Reise aus dem Hohen Norden in die Wintergebiete in Afrika benötigen, futtern sie sich im Rantumbecken an: Wattschnecken und Muscheln, die sie im Ganzen verschlucken und deren Schalen mithilfe ihrer Magenwände knacken. Innerhalb kurzer Zeit nehmen sie bis auf das Doppelte ihres Gewichts zu.

Spektakuläre Vögel – außer ein paar Kormoranen – sehen wir an diesem Sommertag nicht, aber das macht nichts. Denn mit dem Wissen dieser Führung werden wir in Zukunft anders auf die unscheinbaren Wattflächen zwischen Ebbe und Flut schauen. Nach dem Motto »Man sieht nur, was man kennt« werden wir künftig nicht nur Lach-, Silber- und Sturmmöwe unterscheiden können, sondern Austernfischer, Pfuhlschnepfen und Knutts auch dort entdecken, wo wir als Ungeübte bisher nur grauen Schlick und Wasserlachen sahen.

BUS 2 RANTUM MITTE

Die Reetdach-Kirche St. Peter

ST. PETER
STRANDWEG
25980 RANTUM
WWW.KIRCHE-HOERNUM-RANTUM.DE/UNSERE-KIRCHEN/

»Wer Gott dem Allerhöchsten traut, der hat auf keinen Sand gebaut« – heißt es in einem evangelischen Kirchenlied aus dem Jahr 1641, das Johann Sebastian Bach mehrfach vertont hat. Das Gottvertrauen trotz widriger Umstände, von dem der Choral handelt, hatten die Rantumer reichlich nötig.

Rantum liegt an der schmalsten Stelle der Insel, die heute nur noch ca. 500 Meter breit ist. Seit je war der Ort deshalb den Elementen besonders ausgeliefert. Wasser, Wind und Sand bedrohten ihn immer wieder. Mindestens dreimal mussten die Rantumer ihre Kirche verlegen. 1436 zerstörte die große Allerheiligenflut die Westerseekirche, ihr

Nachfolgebau St. Petri ging 1652 unter. Die nächste Kirche wurde 1757 von Dünen begraben. Daraufhin bauten die Rantumer weiter östlich eine neue Kirche. Doch nach nur 44 Jahren stand auch dieses Gotteshaus vor dem Aus. Im Sommer 1801 konnten die Besucher nur noch durch die Fenster einsteigen, weil der Eingang von einer Wanderdüne zugeschüttet worden war. Schweren Herzens gaben die Rantumer erneut ihre Kirche auf. Um die klamme Gemeindekasse aufzubessern, versteigerten sie das Gebäude inklusive Einrichtung. Für 52 Reichstaler und 16 Schillinge erhielt der Schiffer Ebe Pohn aus Westerland den Zuschlag. Die Kirchensteine verbaute er in sein neues Haus, ein Abendmahlsbild mit dem schönen Titel *Segen von oben* hängte er in die Kajüte seines Schiffes und benannte dieses sogar danach. Ihm brachte das Gemälde Glück, viele Jahre segelte Pohn auf allen friesischen Gewässern, das Bild immer dabei, bis er es schließlich in sein Westerländer Haus brachte.

Erst im 20. Jahrhundert verfügte Rantum wieder über Geld und Pläne für ein neues Gotteshaus. Den Kirchenoberen schwebte ein bescheidener und praktischer Bau vor. Doch die Rantumer wünschten sich eine Kirche im altfriesischen Stil, und dazu gehörte ein – teures – Reetdach. Bei der Abstimmung setzten sich die Dorfbewohner durch, und so entstand hier zwischen 1962 und 1964 die einzige neue Reetdach-Kirche der Insel (die ältere Dänische Kirche ist in Westerland in einem ehemaligen Stall mit Reetdach untergebracht). Inmitten der vielen Ferienhäuser in Rantums Zentrum fällt St. Peter auf den ersten Blick gar nicht auf. Im Gegenteil, die Kirche aus Backsteinen mit den typischen hohen Friesengiebeln passt sich hervorragend in die Umgebung ein. Ein ebenfalls reetgedeckter Kirchturm wurde erst 1984 mithilfe von Spenden aus der Gemeinde neben dem Hauptgebäude errichtet. Auf den ersten Blick ähnelt dieser »Glockenstapel« einer Baake, einem Seezeichen.

Der Innenraum wird durch Glasfenster, Backsteinfußboden und Holztäfelung in warmes Licht getaucht und wirkt auf angenehme Weise zeitgemäß. Modern ist auch das Triptychon über dem Altar in kräftigen Rot- und Blautönen zu Bibelszenen mit Meeresbezug. Fast übersieht man das kleine Gemälde darunter, das Jesus inmitten seiner Jünger beim Abendmahl zeigt. Es stammt aus der 1757 erbauten Vorgängerkirche und ist ebenjenes Bild, das Ebe Pohn 1801 ersteigert hatte. Zur Einweihung der Kirche 1965 brachten es seine Nachfahren nach St. Peter. Der Seemann hatte in seinem Testament verfügt, dass es an seinen ursprünglichen Ort zurückgebracht werden sollte, sobald eine neue Kirche errichtet sei. Als anrührender Beweis für großes Gottvertrauen hängt es heute im Zentrum der Kirche.

BUS 2 RANTUM NORD

Die Sylter Kaffeerösterei

KAFFEERÖSTEREI SYLT
HAFENSTRASSE 9
25980 RANTUM
WWW.KAFFEEROESTEREI-SYLT.COM

Der erste Eindruck der »Sylter Kaffeerösterei«: ein hip gestylter Laden, der in New York oder Berlin stehen könnte. Industriechic, schwarzer Stahl und viel Holz, überall Kaffeesäcke, dazu als Logo eine Kaffeebohne mit der markanten Sylt-Silhouette. Draußen eine kleine Terrasse mit Holzboden und Strandkörben als einzigem Zugeständnis an den Inselgeschmack. Hier hatte jemand ein gut durchdachtes Design-Konzept, das ebenso gut in einer Großstadt funktionieren würde – wie auch das Kaffeeangebot von Espresso bis zu Cappuccino, Cortado oder Coffee Tonic. Lokalkolorit bringen Namen wie Okke, Freya oder fofftig-fofftig (Plattdeutsch für

50/50.) Wir haben vieles probiert, durchaus mit Skepsis. Unser Fazit: Nirgendwo auf Sylt schmeckt der Kaffee so gut wie in der Kaffeerösterei hinter dem Hafen von Rantum.

Das finden inzwischen viele, der Laden ist längst kein Geheimtipp mehr. Das Publikum ist gemischt, ältere Fahrradfahrer, junge Familien, auch Einheimische. Manchmal dauert es, bis man seinen Kaffee erhält. Dafür wird jede einzelne Tasse sorgfältig gebrüht. Überhaupt wird hier viel Wert auf die Herstellung und Zubereitung gelegt: Besitzer Christian Appel, gebürtiger Sylter, mischt selbst und röstet die Bohnen wöchentlich in kleinen Mengen von Hand. In allem wird Kaffee hier behandelt wie einst: als Kostbarkeit, für deren Zubereitung Zeit nötig ist.

Damit knüpft dieser Hipsterladen interessanterweise an eine alte Tradition an. Sylter waren keine großen Teetrinker, wie Amrum galt Sylt als »Kaffeeinsel«. Früher als anderswo gelangte durch die Seeleute Rohkaffee hierher. Der erste war 1744 allerdings dem Landvogt vorbehalten. Doch bereits 1760 trank man in den wohlhabenden Kapitänsfamilien Kaffee. 80 Jahre später wurden auf Sylt trotz hoher Preise 41000 Pfund Kaffee jährlich eingeführt. Geröstet wurden die Bohnen übrigens damals auf dem heimischen Herd, wobei man die Bohnen für eine gleichmäßige Röstung unentwegt rühren musste. Danach wurden sie mit dem Mörser zerkleinert, in handbetriebenen Kaffeemühlen gemahlen, mit Wasser aufgekocht und in die *Kranenkanne* umgefüllt. Insgesamt eine sehr aufwändige Prozedur. So gesehen hat Christian Appel mit seiner Kaffeerösterei eine alte Tradition wiederbelebt und veredelt.

BUS 2 RANTUM NORD

Hafenkiosk 24: die besten Fischbrötchen

HAFENKIOSK 24
HAFENSTRASSE 24
25980 RANTUM

Auf die UNESCO-Liste der immateriellen Kulturgüter haben sie es noch nicht geschafft, gehören aber zu jedem Nordseeurlaub und sind auch auf Sylt sehr gefragt: Fischbrötchen. Doch wo schmecken sie am besten?
Die erste Lektion: Wer nur auf einen möglichst schnellen Snack im Vorübergehen setzt, wird nicht das beste Fischbrötchen bekommen. Denn es muss stets frisch zubereitet werden, bei längerer Lagerung weicht es durch. Die zweite Lektion: Es braucht Fisch von hervorragender Qualität. Klassisch sind Matjes oder Bismarckhering – Krabben, Lachs oder Räucherfisch kommen aber auch in Betracht. Die dritte Lektion: Besser schmeckt es mit we-

nigen, dafür sorgfältig zubereiteten Zutaten (wie zum Beispiel ganz feingeschnittenen Zwiebeln), unbedingt aber muss das Brötchen knusprig sein. Die vierte Lektion: Gute Fischimbisse stehen in Wassernähe, stellen aber nicht unbedingt idyllische Orte dar – wie der »Hafenkiosk 24« am Rantumer Hafen, für viele Einheimische die beste Fischbude der Insel.

Der kleine Hafen wirkt eher wie ein Lost Place: ein schmaler Steg für Segeljachten, der zweimal am Tag trockenfällt, ein Deich, davor ein großer Parkplatz für Autos und Fahrräder. Der Hafenkiosk selbst ist eine graublaue Holzbude mit einfachen Tischen und Bänken sowie einigen Sonnenschirmen. Die Kunden wählen aus der Speisekarte aus, bestellen am Tresen und erhalten ein Holzfischlein mit einer Nummer. Nun dauert es, bis die eigene Zahl mit kräftiger Stimme aufgerufen wird. In einer praktischen Pergamenttüte gibt es die schmalen, noch warmen Brötchen mit üppigem Belag dann direkt auf die Hand. Die Klassiker überzeugen, besonders gut aber schmeckt der Räucherfisch. Besitzer Markus Kampe betreibt hier eine eigene Fischräucherei, in der er mehrmals pro Woche auf Buchenholz räuchert, was die Kutter anlanden und was Hobbyangler oder -fischer vorbeibringen. Ganz hervorragend schmeckt zum Beispiel die frische Pfeffermakrele. Dazu ein Bier oder eine Brause. Selbst wenn es nur eine kleine Mahlzeit zwischendurch ist, lohnt sich der Weg in den Rantumer Hafen. Und wer mit dem Fahrrad unterwegs ist, strampelt die Kalorien gleich wieder ab.

BUS 2 PUAN KLENT

Der Mittelpunkt der Welt in Puan Klent

PUAN KLENT
HÖRNUMER STRASSE 83
WWW.PUAN-KLENT.DE
PUAN KLENT BEHERBERGT AUCH FAMILIEN, GRUPPEN UND EINZELGÄSTE.

Für die Römer befand er sich einst auf dem Forum Romanum, auf Sylt liegt der Mittelpunkt der Welt seit 1977 auf einer kleinen Anhöhe bei Puan Klent, einem der schönsten Aussichtspunkte der Insel auf dem Weg von Rantum nach Hörnum mit Blick auf die bewegte Nordsee im Westen und das Wattenmeer im Osten. Inmitten duftender Syltrosen und Heidekraut stellten die Schüler der Gewerbeschule 2 aus Hamburg hier ein selbst gefertigtes Kunstwerk auf: eine mattglänzende metallene Scheibe, die anzeigt, wie weit ausgewählte Orte vom »Mittelpunkt der Welt« bei Puan Klent entfernt sind – Wyk auf Föhr 22 km, Hamburg 171 km,

Amsterdam 350 km, Reykjavík 1890 km …

Seit über 100 Jahren ist das Erholungsheim Puan Klent – der Name erinnert an den bekannten See- und Strandräuber Pua, der hier in den Dünen sein Versteck gehabt haben soll – für unzählige Hamburger SchülerInnen tatsächlich eine Zeit lang Mittelpunkt ihrer Welt. Ursprünglich standen hier mehrere Holzbaracken, die im Ersten Weltkrieg als Militärlager und Lazarett gedient hatten. Knud Ahlborn, der das Klappholttal (siehe Lieblingsort 21) zu einem Treffpunkt der Wander- und Jugendbewegung gemacht hat, entdeckte sie 1919. Auf seinen Vorschlag hin eröffnete die Stadt Hamburg hier ein Schullandheim. Bereits 1920 konnten dank großzügiger Spenden unterernährte Jungen und Mädchen aufgenommen werden, die auf Sylt wieder zu Kräften kommen sollten.

1925 schickte das altsprachliche Christianeum (damals Altona, heute Hamburg) die ersten Klassen nach Puan Klent. Bis heute gehören Ferien für die unteren Jahrgänge des exklusiven Gymnasiums zu den Höhepunkten eines jeden Schuljahres. Zu den Gästen zählten aber auch die Sozialistische Arbeiterjugend, christliche Gruppen sowie Turn- und Sportvereine.

Eine wichtige Rolle spielte damals das (reichliche) Essen. Auf dem Speisezettel vom August 1928 etwa stand morgens Milchsuppe mit Gerstengrütze, Sago oder Haferflocken, mittags Hammelfleisch mit Brechbohnen, Kartoffelsalat mit Würstchen oder Gulasch und abends Brotsuppe, Milchreis und dicke Grütze. Zum sportlichen und kulturellen Programm gehörten Schwimmen, Turnen, gemeinsames Musizieren oder Ballspielen.

1933 übernahm die Hitlerjugend die Verwaltung. Sofort machte sich die Handschrift der neuen Machthaber bemerkbar. Jetzt sang man »deutsche Volks- und Kampflieder«. 1939 wurde Sylt militärisches Sperrgebiet und Puan Klent von Soldaten und Reichsarbeitsdienst belegt. Nach dem Zweiten Weltkrieg dienten die Gebäude zunächst als Gefangenenlager für deutsche Offiziere, später als Unterkunft für ehemalige polnische Zwangsarbeiter.

Seit Juni 1946 wurde Puan Klent wieder Erholungsheim für jeweils über 300 Kinder aus Hamburger Schulen. Der Umgang mit den Kindern veränderte sich dem pädagogischen Zeitgeist entsprechend, geblieben aber sind die Geldprobleme – bis in die Gegenwart. Vor einigen Jahren hing die Weiterexistenz am seidenen Faden. Nur durch Spenden sowie die Unterstützung durch den Hamburger Senat und einen Freundeskreis konnte das Heim gerettet werden.

Der kleine Aussichtshügel ist oft menschenleer, selbst in der Hochsaison. Doch dann kann es passieren, dass plötzlich eine Gruppe von Zehnjährigen mit Aufgabenzetteln heraufstürmt. Ratlose Blicke: Wie soll man herausfinden, wie weit es von hier nach Rom ist? Bis eines der Kinder die Himmelsscheibe entdeckt und weiß: Es sind exakt 1460 Kilometer bis zum anderen Nabel der Welt.

52

BUS 2 WASSERTAL SANSIBAR

Die Straße der Höflichkeit

SANSIBAR
HÖRNUMER STRASSE 80
25980 RANTUM

Kein Film über Sylt ohne rasante Autos. Irgendein Prominenter saust immer mit schnellem Wagen durchs Bild und über die Insel – auf ihr teures Gefährt wollen die Reichen und Schönen auch in den Ferien nicht verzichten. Sylt gilt als Eldorado für Luxuskarossen.

Das zeigt sich selbst auf einem schnöden Parkplatz. Wer in den 1990er Jahren nach der Anreise per Bahn mit einem Schönes-Wochenende-Ticket auf dem Weg zum Strand am Parkplatz der »Sansibar« vorbeikam, staunte nicht schlecht über die vielfarbigen Mercedes-Coupés, Porsches, Jaguars, Lamborghinis und Ferraris mit Hamburger, Düsseldorfer oder Münchener Kennzei-

TIPP

HINTER DEM SÜDLICHEN RANTUMER ORTSAUSGANG ZWEIGT EIN FAHRRADWEG RICHTUNG HÖRNUM LINKS VON DER AUTOSTRASSE AB.

chen. Auch heute noch drängen sich auf dem inzwischen vergrößerten Parkplatz viele Luxuswagen, nun allerdings meist SUVs und fast alle schwarz. Ob den Besitzern das Fahren viel Spaß bereitet, ist allerdings fraglich. Die einzige Straße nach Hörnum ist – zumal in der Hochsaison – stark frequentiert, was manche Verkehrsteilnehmer ungeduldig und ruppig werden lässt.

Mehr Freude bereitet im Süden der Insel das Fahrradfahren, bei dem man nebenbei etwas vom ganz anderen Autoverkehr früherer Zeiten erfährt. Kurz nach Rantum zweigt ein Weg von der Hauptstraße ab und führt durch Salzwiesen, Heidelandschaften und hohe Dünen. An manchen Stellen scheinen noch die alten Betonplatten der ersten Autostraße nach Hörnum durch. Sie führte den schönen Namen »Straße der Höflichkeit«, wie ein Schild ungefähr auf der Höhe der »Sansibar« erklärt. Nach dem Krieg erbaut, war sie einspurig und dazu recht schmal. Da es anfangs nur wenige Ausweichstellen gab, mussten die Fahrer oft ein ganzes Stück zurücksetzen, um dem Gegenverkehr Platz zu machen. Erst ab 1961 baute man alle 200 bis 250 Meter eine Haltebucht, dazu überall Schilder, die anzeigten, wer den kürzeren Rückweg hatte und deshalb zurücksetzen musste. Schnell fahren war unter diesen Bedingungen nicht drin, stattdessen waren Geduld und Höflichkeit gefragt. Manche Autofahrer aber zeigten sich gerade davon begeistert – wie ein Tourist, den die *Sylter Rundschau* zitierte: »Man wartet. Man grüßt sogar freundlich. Wirklich, das gibt es nur auf Sylt, dieses freundliche Warten und freundliche Winken. Wunderschön ist das.« Ein wenig von dieser Haltung möchte man den heutigen Autofahrern wünschen.

Hörnum

BUS 2 STEINTAL

Die Arche Wattenmeer

Was tun mit einer Kirche, die nicht mehr gebraucht wird? Abreißen? Verkaufen? Ein Café eröffnen? Die katholische St.-Josefs-Gemeinde von Hörnum hatte eine bessere Idee. Sie verpachtete das Gebäude an die »Schutzstation Wattenmeer« – mit der einen Bedingung, sie solle die »Schöpfung bewahren«.

Genau das hat sich der Verein seit seiner Gründung 1962 auf die Fahnen geschrieben: den bedrohten Lebensraum des Wattenmeeres, seit 2009 UNESCO-Weltnaturerbe, zu schützen und dafür viele Unterstützer zu gewinnen. Bald entstand die Idee, in den neuen Räumlichkeiten ein Museum speziell für Kinder und Jugendliche einzurich-

NATIONALPARK-HAUS
ARCHE WATTENMEER
RANTUMER STRASSE 33
25997 HÖRNUM
WWW.SCHUTZSTATION-WATTENMEER.DE/
UNSERE-STATIONEN/HOERNUM-SYLT/
ARCHE-WATTENMEER

ten. Vieles erinnert dabei an die frühere Nutzung als Kirche – wie der Name »Arche Wattenmeer«, ein Ausstellungsraum in Form des hölzernen Bugs einer Arche oder eine »Passagierliste« mit den Namen aller 8156 bislang »überlebenden Arten der Inseln und Salzmarschen«. Anders als in der Bibel soll diese Arche allerdings die Lebewesen nicht *vor* dem Wasser, sondern im und am Wasser schützen.

»Anfassen ausdrücklich erlaubt«, lautet das Motto der unterhaltsam-informativen Schau mit 20 Stationen, an denen die Kinder auch einmal »einen Seestern oder eine Strandkrabbe streicheln« dürfen. Nur zum Anschauen hingegen sind die Aquarien mit kleinen Krebsen, Schnecken, Quallen und bizarr geformten Muscheln. Geheimnisvolle Schatztruhen mit allem, was man am Strand so findet, laden zum Erforschen ein. Eigene Strandfunde können die Kinder mithilfe des *Beach-Explorer* bestimmen – oder indem sie einen der freundlichen Mitarbeiter fragen.

Eine große Abteilung widmet sich dem unseligen Wirken von uns Menschen: Wer den Berg von Plastikmüll aller Art aus dem Wattenmeer betrachtet und erfährt, welche Folgen diese Praxis der Abfallbeseitigung für die Meerestiere hat, wird seinen Kunststoffverbrauch im Alltag überdenken.

BUS 2 STEINTAL

Das Straend

Ohne den Tipp aus der *Süddeutschen Zeitung*, die 2018 diese Neueröffnung empfahl, wären wir nie im Restaurant »Straend« gelandet, das außerhalb von Hörnums Ortskern am Campingplatz liegt und nur über eine staubige Feldstraße zu erreichen ist. Das Gebäude ist ein nüchterner Klinkerbau. Innen sorgen große Panoramafenster für Licht und die selbst gezimmerten Möbel für eine freundliche Atmosphäre. Draußen bieten Bänke und Holztische einen Blick auf die Dünen. Mittags braucht es keine Reservierung, irgendwie werden alle platziert: Paare, Familien mit Kindern, auch die feiernde Mädchentruppe. Die junge Kellnerin steht sofort am Tisch

STRAEND
AM CAMPINGPLATZ 3
25997 HÖRNUM
WWW.STRAEND-SYLT.DE

und begrüßt uns sehr freundlich, alle werden geduzt. Die Stimmung ist familiär und wohltuend entspannt.
Die überschaubare Speisekarte könnte auch aus einem trendigen Bistro in Hamburg-Ottensen stammen: Pasta, Vegetarisches, Bowls und Fastfood-Klassiker. Wir ordern »Straendburger« und Currywurst, dazu Pommes frites. Die schmecken schon solo hervorragend, die fluffige Mayonnaise und der gut gewürzte Ketchup, beide hausgemacht, intensivieren den Geschmack. Der Burger aus magerem Rindfleischhack, Salzgurken, gerösteten Zwiebeln, Käse, Tomaten und Rucola, alles appetitlich in einem knackigen Brötchen aufgeschichtet, erweist sich als außergewöhnlich harmonische Kreation. Und erst die Currywurst! Sehr delikat, jede Komponente stimmt: Die Currysorten stammen von Gewürzpapst Ingo Holland, das Fleisch für die Wurst wurde vom Keitumer Landschlachter nach einem lang ausgetüftelten eigenen Rezept des »Straend« gemischt. Das Fazit: beste Currywurst und bester Burger ever!
Ein zweiter Besuch bestärkt den ausgezeichneten Eindruck vom ersten Mal. Die Küche besticht nicht allein durch die Wahl bester Ingredienzien, sondern auch durch besondere Sorgfalt bei der Zubereitung. Die »Fröhliche Salatschüssel zum Teilen« etwa ist

mit der genau richtigen Menge feiner Vinaigrette abgeschmeckt, die hausgemachte Limonade aus Holunderbeeren oder Basilikum von gut austarierter Säure und Süße. Der Hit ist aber der Pulpo-Salat, der selbst am Mittelmeer nicht zarter schmecken könnte. Sieben Stunden wurde der Oktopus *sous-vide* gegart und dann noch mal gebraten. Wie sie darauf gekommen sind? »Damit haben wir uns extrem auseinandergesetzt«, verraten die Besitzer Jan Wehrheim und Dennis John, beide für gebürtige Sylter ungewöhnlich gesprächig. Es ist wohl die Mischung aus geduldiger Tüftelei, handwerklicher Sorgfalt und wohltuender Entspanntheit, die das »Straend« zu einem so angenehmen und gastlichen Ort macht.

BUS 2 HÖRNUM HAFEN

Die Segelkirche

SANKT THOMAS
HANGSTRASSE 38
25997 HÖRNUM
WWW.KIRCHE-HOERNUM-RANTUM.DE

TIPP

GUTE AKUSTIK, INTERESSANTE KONZERTE VON BAROCKMUSIK BIS ZU KELTISCHEN LIEDERN
WWW. KIRCHE-HOERNUM-RANTUM.DE/KONZERTTERMINE/

Wie ein elegantes Segelboot erhebt sie sich auf den Dünen mitten in einem Wohngebiet: die St.-Thomas-Kirche von Hörnum, auch Segelkirche genannt. Ganz in puristischem Weiß, scheint der Bau nur aus Dreiecken zusammengesetzt, der Turm ein schmales langgezogenes spitzes Dreieck, die Wände trapezförmig, selbst die Fensterrahmen verlaufen schräg. Ein gelungenes Spiel mit geometrischen Grundformen, ohne einen einzigen rechten Winkel.

1969/70 errichtet, ist die Kirche der ambitionierteste moderne öffentliche Bau der Insel und bezieht sich durch ihre Schiffsform zugleich auf die Geschichte Hörnums. Denn der Ort verdankt

seine Gründung der Schifffahrt und dem Reisen. Die Halbinsel Hörnum gehörte früher den Rantumern, die das karge Dünenland an Schafsbesitzer verpachtet hatten. Bis zum Beginn des 20. Jahrhunderts war das Land nicht dauerhaft bewohnt. Nur einige Fischer besaßen kleine Buden in den Dünen, weshalb die Gegend »Budersand« hieß, heute vor allem als Name eines Luxushotels bekannt.

Sonst lebten in Hörnum Arme und Outlaws, Strandräuber und Seeräuber versteckten sich hier. Noch 1846 schrieb der Bremer Reisebuchautor Johann Georg Kohl über die »unheimlichen« Hörnumer Dünen: »Da spukt's, da ruht der Wind nie, und die Seelen der erschlagenen Schiffer und Verunglückten ziehen dort noch im Sturm am Strande herum.«

Erst die Idee eines Hamburgers führte zur Gründung einer kleinen Siedlung. Als der Reeder Albert Ballin 1901 für seinen neuen Seebäderschiffsdienst von Hamburg über Helgoland nach Sylt Hörnum als Hafen wählte, wurden dort auch einige Häuser gebaut. Bis 1927 standen hier zwar nur sieben Gebäude, doch ein Anfang war gemacht. Daran erinnert in der St.-Thomas-Kirche ein Geschenk des Hamburger Kapitäns Uwe Hoffmann: ein detailgetreues Modell der »Cobra«, des ersten Passagierschiffes, das vor über hundert Jahren in Hörnum anlandete.

An ein eigenes großes Gotteshaus konnte man in Hörnum erst viele Jahrzehnte später denken. Dabei bewiesen die Hörnumer Mut zur Moderne, als sie sich für den überraschend kühnen Entwurf der Niebüller Architekten Christiansen und Friis entschieden. Diese Kirche ist kein alter Windjammer, sondern ähnelt eher einer Hightech-Yacht, die auch gerüstet für die Zukunft ist.

BUS 2 HÖRNUM HAFEN

Wahrzeichen mit Innenleben: der Leuchtturm

Immer wieder gerieten Schiffe vor Sylt in Seenot – sehr zum Ärger der Dänen, die sichere Schiffspassagen durch ihr Herrschaftsgebiet garantieren wollten. Als die ersten »Leuchtapparate« auf den Markt kamen und bessere Orientierung in schwierigen Gewässern ermöglichten, zögerten die Dänen nicht und errichteten bereits 1855 einen damals hochmodernen Leuchtturm in Kampen.

Der Leuchtturm in Hörnum wurde ein halbes Jahrhundert später erbaut, wiederum auf Initiative und mit Geld von Fremden, in diesem Fall von der Hamburger Reederei HAPAG, die für ihren neu eingerichteten Bäderverkehr zwischen Hamburg und Hör-

LEUCHTTURM
AN DER DÜNE
25997 HÖRNUM
TICKETS FÜR FÜHRUNGEN AN ALLEN VORVERKAUFSSTELLEN.
RECHTZEITIG RESERVIEREN!

num sichere Fahrtbedingungen brauchte. Es handelt sich um ein gusseisernes Modell, das bereits industriell gefertigt wurde. Deshalb hat der Turm Geschwister: Die Leuchttürme von Hörnum, Westerheversand und Pellworm entstammen derselben Serie. Sie sind zwar baugleich, verfügen aber wie jeder Leuchtturm über ihre ganz spezielle individuelle »Leuchtkennung«, an der man sie unterscheiden kann: In Hörnum blitzt für 0,5 Sekunden ein Licht, dann folgen 2,5 Sekunden Pause, wieder 0,5 Sekunden Licht, danach 2,5 Sekunden Pause. Bis zu einer Entfernung von 40 Seemeilen sind diese Lichtzeichen des Hörnumer Leuchtturms zu sehen.

Am 8. August 1907 wurde der Hörnumer Leuchtturm in Betrieb genommen und ist heute der einzige Leuchtturm auf Sylt, der besichtigt werden kann. Das lohnt allein schon wegen des spektakulären Rundumpanoramas von der Galerie auf Sylt, das Wattenmeer und die Nachbarinseln Amrum und Föhr. Bei der informativen Führung erfahren wir, dass man ihre Lage nach der »RALF«-Regel bestimmen kann: Rechts liegt Amrum (RA), links Föhr (LF). Doch auch das »Innenleben« des Turmes ist hochinteressant, denn er beherbergt eine ehemalige Zwergschule, in der von 1914 bis 1933 die Kinder von Leuchtturmwärter und Bahnhofsvorsteher unterrichtet wurden. Mit zwei bis fünf Schülern war sie damals die kleinste Schule Deutschlands. Inzwischen hat sie längst ausgedient. Auch der Leuchtturm wird nicht mehr von einem Wärter betrieben, der letzte beendete seinen Dienst in den 1970er Jahren. Seit 1977 werden alle Signale von Tönning aus ferngesteuert.

Stattdessen gibt es einen anderen Service. Steigt man die schmale Wendeltreppe bis nach oben, gelangt man in ein winziges Standesamt, das 2002 hier eingerichtet wurde. Außer dem Brautpaar finden nur wenige Gäste Platz. Doch das »Trauzimmer« im 7. Stock ist mit seinen kleinen weißen Friesen-Möbeln und rot-weiß karierten Kissen sehr romantisch ausgestattet. An der Wand steht auf gelb-rot-blauer Flagge der friesische Wahlspruch »Rüm Hart, klaar Kiming, weites Herz, klarer Horizont«, kein schlechtes Motto auch für eine Ehe.

BUS 2 HÖRNUM MITTE

Die Kersig-Siedlung

KERSIG-SIEDLUNG
LORENS-DE-HAHN-WAI UND NIELSGLAAT
(DORT DAS TEHERANI-HAUS)
ZUGANG STRANDWEG ODER GRETH-SKRABBEL-WAI
25997 HÖRNUM

TIPP

TRADITIONELLE BACKKUNST UND EISCREME-EXPERIMENTE IM CAFÉ LUND
RANTUMER STRASSE 1-3
25997 HÖRNUM
WWW.LUND-SYLT.DE

Ist es ein Ufo? Ein Iglu aus Reet? Viele Nachbarn in Hörnum sehen es schlicht als Ärgernis: »Passt nicht hierher« ist noch einer der freundlicheren Kommentare zu dem neuen Haus, das der Hamburger Architekt Hadi Teherani entworfen hat. Es steht in bester Lage mit Meerblick auf einer Düne im Südwesten der Insel in der Kersig-Siedlung, einer Ansammlung von kleinen Ferienhäusern, die an ein gemütlich-schmuckes Hobbitdorf erinnert. Geplant und gebaut wurde die Siedlung 1959/60 vom Kieler Bauunternehmer Kersig direkt am Weststrand in einer damals völlig unbewohnten Ecke Hörnums. Von der Größe und Ausstattung entsprachen die Häuser

modernen Einfamilien-Bungalows, orientierten sich mit ihren roten Klinkern und den Reetdächern jedoch an friesischen Bauernhöfen. Anders als viele spätere Siedlungen auf Sylt passen diese weit auseinanderliegenden Ferienhäuser sehr gut in die herbe Dünenlandschaft mit Heidekraut, Strandhafer und Syltrosen.

Doch eines hatte man nicht bedacht: Dass diese Ecke »auf Hörnum« direkt am Wasser nie besiedelt wurde, war kein Zufall. Die alten Sylter wussten um die Wind- und Wassergewalten im Süden ihrer Insel. Bereits 1962 riss die berüchtigte Februarsturmflut die gesamte Dünenkette vor der Ansiedlung im Nu weg. Auf einmal standen die neuen Häuser unmittelbar an der Abbruchkante und waren durch nichts mehr vor dem Meer geschützt. Dass die schon damals teure Siedlung dennoch erhalten blieb, verdankt sie dem Einsatz eines Hauseigentümers, der als Bundesminister all seinen Einfluss geltend und viele Millionen Steuergelder lockermachte. Die gesamte Küstenlinie vor der Kersig-Siedlung wurde am Fuß der Dünen durch sogenannte Tetrapoden, sechs Tonnen schwere, vierbeinige Betonklötze, gesichert. Das 700 Meter lange Betonbollwerk verunstaltet nicht nur den Strand an der wilden Südküste, sondern offenbarte viel später auch noch schlimmere Schattenseiten. Die Tetrapoden funktionierten zwar gut als Wellenbrecher und schützten die Häuser, beschleunigten durch Strömungsveränderungen jedoch drastisch den Sandabbau an der nahen Hörnum-Odde und wurden so zum wichtigsten Verursacher für das Schrumpfen der Sylter Südspitze.

Doch zurück in die Kersig-Siedlung! Sie ist mittlerweile in die Jahre gekommen und könnte etwas Auffrischung vertragen, auch durch mutigere Architektur wie beim neuen Teherani-Haus. In Grundriss und Größe unterscheidet sich der Neubau nicht von den anderen Häusern, der Architekt verwendet sogar inseltypische Materialien. Aber wie! Reet bedeckt statt nur das Dach rundum die Fassade, auf jeder Seite unterbrochen von großen bodentiefen Fenstern unter kantigen Gauben und Stützelementen aus schwarzem Stahl. Ganz dicht und kurzgeschoren schimmert es wie ein braungoldenes Fell, im Gegenzug sorgt viel Glas für Transparenz. Ein reizvoller Kontrast: Das Naturmaterial erinnert an die alten Friesenhäuser, die avantgardistische Gestaltung aber katapultiert dieses ungewöhnliche Feriendomizil ins 21. Jahrhundert.

58

BUS 2 HÖRNUM HAFEN ODER STRANDWEG

Die Hörnum-Odde

Experten sagten ihren Untergang bereits für das Jahr 2020 voraus. Der ist zwar nicht eingetreten, aber die Hörnum-Odde, Sylts sandige Südspitze, schrumpft sichtbar. Für eine Umrundung benötigte man früher einmal fünf Stunden, mittlerweile ist es nur noch bei Ebbe möglich und dauert kaum eine Stunde. Dennoch ist ein Spaziergang um die Odde (Odde ist das dänische Wort für Spitze) einer der Höhepunkte jedes Sylt-Besuchs: im Herbst und Winter oft eine Begegnung mit elementarer Natur, im Sommer bei Sonnenschein ein Ausflug in südliche Sphären. Manchmal leuchtet das Meer wie in der Karibik zartblau bis türkis, und wenn man bei großer

TIPP

MAN KANN DEN SPAZIERGANG GUT AUF DER HÖHE DER KERSIG-SIEDLUNG BEI STRANDZUGANG 79 ODER 80 BEGINNEN.

Hitze nur noch Sand und Dünen sieht, fühlt es sich beinahe wie in der Wüste an.

Doch seit je ist diese wunderschöne Dünenlandschaft eine flüchtige Erscheinung. Sowohl ihre Existenz wie auch ihr mögliches Verschwinden sind Folgen menschlichen Wirkens. Entstanden ist sie vor rund 100 Jahren wohl deshalb, weil sich durch den Bau des Hindenburgdamms die Strömungen verschoben. Damals brachen gewaltige Sandmengen nordwestlich von Hörnum ab und wurden durch Strandholz und Strandhafer im Süden aufgehalten. Dort konnte sich der angeschwemmte Sand sammeln und zum festen Untergrund werden. In den ersten 50 Jahren nach ihrer Entstehung wuchs die Hörnum-Odde enorm. Die größte Ausdehnung erreichte sie um 1972 mit 600 Metern Breite von Nord nach Süd und 350 Metern Tiefe von West nach Ost. Doch obwohl das Gebiet damals unter Naturschutz gestellt wurde, schrumpfte es bis 1994 um rund 120 Hektar. Dabei verschwanden zwei kleine Leuchttürme, mehrere Strandcafés und Reste von Wehrmachtsbunkern im Meer.

Verursacht hat diesen Landverlust auch wieder der Mensch. Durch Küstenschutzmaßnahmen wie die Tetrapoden, u.a. vor der Kersig-Siedlung, wurden die Strömungsverhältnisse auf der Westseite so ungünstig beeinflusst, dass die natürliche Sanddrift am Strand blockiert wurde. So konnte kein Sand mehr angespült werden, stattdessen brach immer mehr Sand ab. Seither ist die Südspitze um viele Meter schmaler und kürzer geworden. Erst seit man Landverluste nicht mehr durch »harte« Maßnahmen wie die Beton-Tetrapoden oder Buhnen aufzuhalten versucht, sondern mit »weichen« Methoden arbeitet, d.h. vor allem mit regelmäßigen Sandvorspülungen, beruhigt sich die Lage. Dabei handelt es sich allerdings um eine mühsame und teure Maßnahme. An verschiedenen Abschnitten des Weststrandes – u.a. an der Hörnum-Odde – werden regelmäßig riesige Mengen Sand aufgeschüttet. Durchschnittlich braucht man für die gesamte Insel pro Jahr ungefähr 1 Million Kubikmeter Sand, eine Menge, mit der man das Westerländer Kurzentrum fünfzehnmal füllen könnte. In manchen Jahren aber reicht selbst das nicht. 2020 zum Beispiel waren die Sandverluste durch mehrere aufeinanderfolgende Sturmfluten so hoch, dass man 2 Millionen Kubikmeter Sand ersetzen musste. Kosten: 14,6 Millionen Euro. Seit Beginn der Maßnahmen 1972 bis 2019 betrug das Volumen dieser Sandaufschüttungen fast 52 Millionen Kubikmeter. Den Sand holt man mit einem Spülschiff aus einem Gebiet im Meer, das ungefähr 8 Kilometer von der Küste entfernt liegt. Was aber, wenn auch die entstehenden Löcher wiederum die Strömungsverhältnisse verändern? Und es vielleicht in naher Zukunft keine Hörnum-Odde mehr gibt?

Wie weit können oder sollen wir eingreifen? Viele Erfahrungen zeigen, dass Küstenschutzmaßnahmen auch kontraproduktiv waren und zur Zerstörung von Teilen der Insel beitrugen. Andererseits gäbe es ohne das jahrhundertelange Einwirken der Menschen Sylt nicht mehr, es wäre längst vom Winde verweht, untergegangen, gewandert ...

59

Eine Halligfahrt

AUSFLUGSFAHRTEN ALLER ART:
WWW.ADLER-SCHIFFE.DE

TIPP

SCHMECKEN HERVORRAGEND:
DIE FANGFRISCHEN MIESMUSCHELN
IM BISTRO SYLTER MUSCHELN
AM KAI
25997 HÖRNUM

Es ist zwölf Uhr mittags, die Sonne scheint, und eine leichte Brise weht – ideale Bedingungen für einen Bootsausflug. Das dachten wohl auch die vielen anderen, die sich auf der schmalen Gangway der MS Adler Express drängeln. Nach einer knappen Begrüßung des Kapitäns (»Steuerbord ist rechts, backbord links«) legt das Schiff ab und verlässt den Hörnumer Hafen, um dann rasch Fahrt aufzunehmen.

Schon gleitet Amrum mit seinem kilometerlangen weißen Sandstrand an uns vorbei, dann erreichen wir das Ziel dieser »Mini-Kreuzfahrt«: die geheimnisvolle Halligwelt, eine Welt aus Wasser und lauter kleinen Eilanden, wie

es sie so nirgends sonst auf der Welt gibt. Halligen sind eigentlich keine Inseln – darauf legt man hier Wert –, weil sie nicht aus Geest oder einem Felsenkern bestehen, sondern aus Schlick und Sedimenten, die die Fluten angehäuft haben. Manche sind unbewohnt und winzig wie Norderoog und Habel, andere mehrere Quadratkilometer groß wie Langeneß, die größte Hallig. Ein zauberhafter Anblick aus der Ferne: Wie auf einer Perlenkette aufgereiht scheinen die Häuser auf ihren Warften über dem Wasser zu schweben.

Langeneß lassen wir links liegen und steuern Hallig Hooge an, die bei Touristen beliebteste Hallig. Denn hier gibt es einiges zu sehen: eine Kirche aus dem 17. Jahrhundert, ein Museum, dazu die schönste Wohnstube Nordfrieslands, den sogenannten Königspesel, mit Tausenden kostbarer blauweißer Delfter Kacheln an der Wand. Alle Gebäude stehen auf Warften, hohen Hügeln aus aufgeschütteter Erde, die vor schweren Sturmfluten schützen. Sonst aber ist es erwünscht, wenn das flache Marschland um den kleinen Ort regelmäßig bei höheren Fluten überspült wird. Denn die saftigen Salzwiesen bieten besonders gutes Futter für die »Pensionsgäste«, wie die Halligbewohner liebevoll Schafe, Lämmer, Kühe und Kälber nennen, die sich hier tummeln. Sie werden im Mai gebracht und im

Oktober zurück zum Festland transportiert.
Wir fahren weiter, Kurs auf Nordstrand, vor uns erstrecken sich nur graugrün glitzernde Wellen unter weitem Himmel, ab und zu eine Möwe. Eine Wasserlandschaft mit besonderer Geschichte. Vor vielen Jahrhunderten gehörte alles noch zum Festland, das bedeckt war mit schattigen Eichenwäldern, »die damals noch der Eber und der Luchs durchstreiften« (Theodor Storm). Eine einzige Sturmflut, die Große Mandränke, zerriss 1362 die gesamte nordfriesische Küste. Tausende starben. Auch das sagenhafte Rungholt ging bei dieser Katastrophe unter. Steuerbord voraus muss es bei der kleinen Hallig Südfall gelegen haben, wie archäologische Funde zuletzt 2023 gezeigt haben. Der Legende nach war der Untergang eine Strafe Gottes für das wüste Leben der Bewohner, in Wirklichkeit war das Ende der wohlhabenden Handelsstadt menschengemacht, denn durch Torfabbau und Entwässerung war die gesamte Küste unter den Meeresspiegel gesunken. Seither sind viele Sturmfluten über die Lande gegangen, Halligen entstanden, Halligen verschwanden, übrig blieben zehn.
Bei unserer Rückfahrt rauscht das Schiff durch die Fluten, bis der Kapitän auf der Höhe von Amrum und Föhr die Geschwindigkeit drosselt. Wir durchfahren das berüchtigte Hörnumtief, in dem früher hunderte Schiffe strandeten. Aufgrund der Untiefen auch heute noch eine der gefährlichsten Gegenden der Nordsee. Doch die MS Adler erreicht pünktlich um 18 Uhr wieder den Hafen von Hörnum. Ein Blick auf die Champagner-Werbung des Muschel-Bistros genügt: Wir sind wieder auf Sylt!

Für Tipps, Ideen und Kritik, Hilfe beim Recherchieren, Korrekturlesen, Reisebegleitung und viele anregende Gespräche danke ich sehr herzlich Rita Bauernfeind, Silke von Bremen, Willy Borstelmann, Gesine Dammel, Britta Günther, Ulrike Guercke, Ulrike Haustedt, Dr. Dagmar von Hurter, Dr. Daniel Ihonor, Hans-Christoph Koller, Maren Maurer, Tobias Mulot, Ingrid und Dirk Nielsen, Martina und Carlo Peters, Albrecht Schnitzer, Michaela Weidmann, Elisabeth Westmore, Johanna Wieland und Suse Witt.

REGISTER